COISAS QUE NINGUÉM CONTA A UM ESTUDANTE DE DIREITO

abdr
ASSOCIAÇÃO BRASILEIRA DE DIREITOS REPROGRÁFICOS
Respeite o direito autoral

O GEN | Grupo Editorial Nacional – maior plataforma editorial brasileira no segmento científico, técnico e profissional – publica conteúdos nas áreas de concursos, ciências jurídicas, humanas, exatas, da saúde e sociais aplicadas, além de prover serviços direcionados à educação continuada.

As editoras que integram o GEN, das mais respeitadas no mercado editorial, construíram catálogos inigualáveis, com obras decisivas para a formação acadêmica e o aperfeiçoamento de várias gerações de profissionais e estudantes, tendo se tornado sinônimo de qualidade e seriedade.

A missão do GEN e dos núcleos de conteúdo que o compõem é prover a melhor informação científica e distribuí-la de maneira flexível e conveniente, a preços justos, gerando benefícios e servindo a autores, docentes, livreiros, funcionários, colaboradores e acionistas.

Nosso comportamento ético incondicional e nossa responsabilidade social e ambiental são reforçados pela natureza educacional de nossa atividade e dão sustentabilidade ao crescimento contínuo e à rentabilidade do grupo.

COISAS QUE NINGUÉM CONTA A UM ESTUDANTE DE DIREITO

PEDRO E RUTH MANUS

gen | atlas

- A EDITORA ATLAS se responsabiliza pelos vícios do produto no que concerne à sua edição (impressão e apresentação a fim de possibilitar ao consumidor bem manuseá-lo e lê-lo). Nem a editora nem o autor assumem qualquer responsabilidade por eventuais danos ou perdas a pessoa ou bens, decorrentes do uso da presente obra.

- Nas obras em que há material suplementar *on-line*, o acesso a esse material será disponibilizado somente durante a vigência da respectiva edição. Não obstante, a editora poderá franquear o acesso a ele por mais uma edição.

- Todos os direitos reservados. Nos termos da Lei que resguarda os direitos autorais, é proibida a reprodução total ou parcial de qualquer forma ou por qualquer meio, eletrônico ou mecânico, inclusive através de processos xerográficos, fotocópia e gravação, sem permissão por escrito do autor e do editor.

  Impresso no Brasil – *Printed in Brazil*

- Direitos exclusivos para o Brasil na língua portuguesa
  Copyright © 2019 by
  EDITORA ATLAS LTDA.
  Uma editora integrante do GEN | Grupo Editorial Nacional
  Rua Conselheiro Nébias, 1384 – Campos Elíseos – 01203-904 – São Paulo – SP
  Tel.: (11) 5080-0770 / (21) 3543-0770
  faleconosco@grupogen.com.br / www.grupogen.com.br

- O titular cuja obra seja fraudulentamente reproduzida, divulgada ou de qualquer forma utilizada poderá requerer a apreensão dos exemplares reproduzidos ou a suspensão da divulgação, sem prejuízo da indenização cabível (art. 102 da Lei n. 9.610, de 19.02.1998).

  Quem vender, expuser à venda, ocultar, adquirir, distribuir, tiver em depósito ou utilizar obra ou fonograma reproduzidos com fraude, com a finalidade de vender, obter ganho, vantagem, proveito, lucro direto ou indireto, para si ou para outrem, será solidariamente responsável com o contrafator, nos termos dos artigos precedentes, respondendo como contrafatores o importador e o distribuidor em caso de reprodução no exterior (art. 104 da Lei n. 9.610/98).

- Capa e Projeto Gráfico: Camila Araújo

- Data de fechamento: 04.02.2019

- **CIP – BRASIL. CATALOGAÇÃO NA FONTE.**
  SINDICATO NACIONAL DOS EDITORES DE LIVROS, RJ.

  M251c
  Manus, Pedro Paulo

  Coisas que ninguém conta a um estudante de direito / Pedro Paulo Manus, Ruth Manus. – 1. ed. – [2. Reimp.] – São Paulo: Atlas, 2023.

  Inclui bibliografia
  ISBN 978-85-97-02087-8

  1. Direito – Brasil – Manuais, guias, etc. 2. Estudantes de direito – Brasil – Manuais, guias, etc. I. Manus, Ruth. II. Título.

  19-55014   CDU: 340(075.8)(81)

  Meri Gleice Rodrigues de Souza - Bibliotecária CRB-7/6439

Para a Rita, a Francisca, a Luísa, o Olivier e a Filipa. Nossos pequenos – alguns já não tão pequenos quanto os enxergamos – estudantes, descobrindo a vida, as cores e o conhecimento.
Que vocês sejam nutridos a vida inteira pelas palavras, pelos livros e por tudo de melhor que eles podem trazer.

AGRADECIMENTOS

Agradecemos, inicialmente, um ao outro. Por sermos, além de pai e filha, parceiros em tantas esferas da vida. No escritório, nos debates jurídicos, nas tardes de futebol e, agora, nos livros.

Agradecemos à Maró, esposa e mãe, por participar de absolutamente tudo, por nos apoiar em cada um dos nossos projetos, não apenas com palavras e incentivos, mas com olhos atentos e mãos sempre prontas para ajudar no que for preciso.

Agradecemos ao Filipe, marido e genro, por sua paciência e compreensão com nossas conversas urgentes em horários que só o fuso explica, por sua participação ativa e por seu empenho em todos os nossos projetos.

Agradecemos a toda nossa família, que caminha conosco dia após dia e que comemora ao nosso lado cada pequena vitória.

Agradecemos aos nossos amigos da vida toda, pelo incentivo constante, pela troca de ideias e por participarem ativamente de todos os nossos passos.

Agradecemos aos professores que passaram e passam pelas nossas vidas, um por um. Os que lecionaram para nós no passado, os professores que se tornaram amigos, os amigos que se tornaram professores, os alunos que passaram a lecionar. Sem professores não há esperança.

Agradecemos a todo o pessoal da PUC-SP, nossa casa desde sempre. Pela amizade, pelo companheirismo e pela incessante troca de conhecimento.

Agradecemos ao Henderson, pessoa inspiradora e profissional atento, por todo o carinho com esta obra e conosco.

Agradecemos à Danielle e à Oriene, por toda dedicação aos nossos projetos e pela paciência com as nossas ideias não tão tradicionais.

Agradecemos a toda a equipe do Grupo Editorial Nacional | Atlas por tirar esta obra de um arquivo de Word e transformá-la neste livro, pronto para rodar todo o Brasil, na tentativa de tornar a vida de muitos estudantes de Direito um pouquinho menos difícil e um pouquinho mais gostosa.

Agradecemos aos leitores, que dedicarão minutos valiosos do seu tempo para nos "ouvir" um pouquinho. Esperamos sinceramente que gostem.

COISAS QUE VOCÊ PRECISA SABER SOBRE ESTE LIVRO

Escrito a quatro mãos, *Coisas que ninguém conta a um estudante de Direito* traz a análise de Pedro Paulo Manus e de Ruth Manus sobre o curso de Direito, a vida acadêmica, escolhas importantes para a carreira jurídica, aspectos da vida cotidiana do futuro profissional nessa área, entre outros temas que os autores consideram pertinentes a todos aqueles que estão pensando em entrar no apaixonante e complexo mundo jurídico ou nele já estão caminhando.

O livro apresenta um diálogo:

"**FALANDO SÉRIO**" é o texto e a experiência de Pedro Paulo Manus, que expõe de forma mais objetiva os temas propostos; já em "**FALANDO** menos **SÉRIO**", Ruth Manus traz suas perspectivas com o humor, a inovação e a habitual descontração que são característicos de seus textos.

Esperamos que a leitura seja tão prazerosa quanto foi editá-lo!

Os editores

APRESENTAÇÃO

PEDRO MANUS

Olá, muito prazer. Meu nome é Pedro, e vamos conversar um pouco sobre a Universidade, mais especificamente sobre o curso de Direito. A intenção é uma troca de ideias e o relato de alguém que estudou na Faculdade de Direito da PUC de São Paulo, formou-se, e em seguida começou a lecionar lá. Este ano completo 40 anos de registro de meu contrato de trabalho, embora antes disso já auxiliasse o meu professor de Direito do Trabalho.

Fiz toda a carreira na Faculdade, como auxiliar de ensino, assistente mestre, assistente doutor, professor associado (livre-docente) e, afinal, professor titular. E há cinco anos sou o diretor da Faculdade de Direito da PUC de São Paulo.

Contemporaneamente ingressei na Magistratura do Trabalho no ano de 1980, e fui juiz substituto, juiz titular de Vara do Trabalho, Desembargador do TRT de São Paulo e, afinal, Ministro do Tribunal Superior do Trabalho. Aposentado, continuo na carreira acadêmica e presto consultoria jurídica.

É com este currículo que me apresento a você, para passar um pouco da minha experiência acadêmica e profissional.

RUTH MANUS

Para começo de conversa, esse cara simpático aí de cima é meu pai. Eu nasci em 1988, e sou filha de um juiz (que hoje, aposentado, foi rebaixado a meu sócio) e de uma advogada. Por incrível que pareça, eles nunca me influenciaram para fazer faculdade de Direito. Juro. Mas inevitavelmente o exemplo deles foi decisivo para essa escolha.

Quando prestei vestibular, prestei Direito e Letras. Minha vontade de escrever já existia desde aqueles meus 18 anos. Acabei escolhendo o Direito na PUC-SP, por razões que vocês já devem imaginar. E fui absolutamente feliz com essa escolha.

Formei-me em 2012 e logo fui fazer pós-graduação em Direito do Trabalho na Cogeae. No ano seguinte entrei no mestrado e logo comecei a dar aula – o que adoro fazer até hoje. Já mestre, fiz uma pós-graduação em Direito do Trabalho em Roma e, logo na sequência, outra em Direito da União Europeia em Lisboa. Acabei ficando em Portugal, onde me casei com um português e onde também cursei meu doutorado (estou acabando a tese, que Deus me ajude!).

Fiz algumas coisas diferentes ao longo da minha carreira como advogada, que serão narradas no decorrer do livro. Hoje, como disse, tenho um escritório junto com meu pai e, paralelamente a isso, sou escritora. Escrevi crônicas no Estadão e no Correio da Bahia, e hoje sou colunista da revista Glamour, da revista Vida Simples e do jornal português Observador. Tenho três livrinhos lindos de crônicas que vocês podem ler quando se cansarem dos jurídicos.

Sou muito feliz com o que faço: a advocacia, o doutorado, a docência, as colunas nos jornais, os livros. Trabalho muito, mas não mudaria nada disso. E exatamente por ter tomado boas decisões – depois de algumas más decisões, como acontece com todos nós – venho aqui dividir minha experiência com vocês, esperando que seja útil.

SUMÁRIO

parte um
Antes de tudo 16

A importância de um curso universitário *19*
Por que estudar Direito? *23*
Com o que eu vou poder trabalhar? *27*
O que esperar do curso *32*
Escolhendo a faculdade *37*
Será que eu tenho o perfil adequado? *42*
E se eu me arrepender? *46*

parte dois
Durante o curso 51

As matérias *53*
Os professores *58*
Como estudar *62*
O estágio *65*
Altos e baixos *71*
Aproveitando colegas veteranos *75*
Iniciação científica: fazer ou não fazer? *79*
As notas, no fim das contas, importam? *83*
Jogos jurídicos e festas *87*
Prova da OAB *91*

parte três
Depois do curso 96

Carreiras *99*
Vou conseguir trabalhar com a matéria que eu gosto? *105*
Trabalhar no setor público ou privado? *109*
Ser profissional liberal ou advogado empregado? *113*
Investir na vida acadêmica *117*
Fazer mestrado ou especialização? *121*
Estudar fora do Brasil *125*

parte quatro
Vida profissional 131

Lidando com juízes *132*
Lidando com advogados e defensores públicos *136*
Lidando com o Ministério Público *140*
Lidando com os servidores públicos *143*
Lidando com os clientes *147*
Trabalhando em empresa *151*
Contratando estagiário *154*

parte cinco
Falando a verdade 158

Eu vou ficar rico? *161*
Eu vou trabalhar demais? *165*
Eu vou mudar o mundo? *170*
Eu vou me divertir? *174*
Eu vou acreditar no que faço? *178*

Conclusão 183

parte um
Antes de tudo

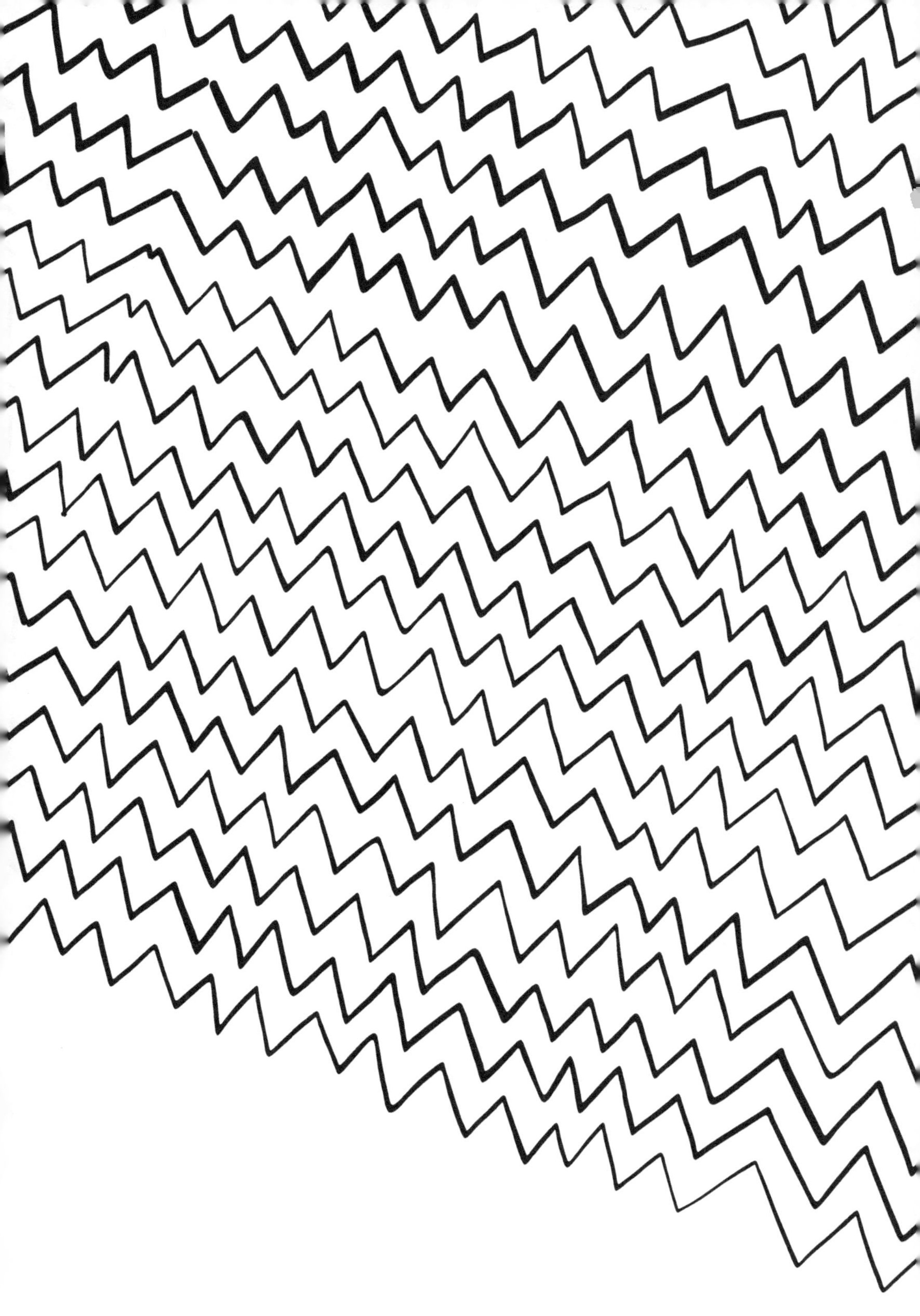

A IMPORTÂNCIA DE UM CURSO UNIVERSITÁRIO

FALANDO SÉRIO

Há dois aspectos que devemos atentar quando se cuida deste assunto. O primeiro, que acredito seja mais relevante, é a importância do estudo na universidade, que nos dá uma perspectiva da sociedade em que vivemos, a percepção dos vários aspectos pessoais e profissionais de nossa vida e a visão crítica dos fatos a nossa volta, o que é essencial para dirigir nossa conduta para o caminho que entendemos correto.

Só a educação nos permite conhecer a realidade e saber distinguir o certo do errado. O processo educacional a que as crianças são submetidas é que permite o acúmulo de informações e ensina a atividade essencial de reflexão crítica sobre essas mesmas informações que recebemos. O ensino universitário completa este ciclo educacional e estimula o estudante a inteirar-se sobre os fatos sociais e o habilita a compreender a sociedade em que vive, possibilitando as melhores escolhas.

O outro aspecto importante é a nossa situação profissional com ou sem um diploma universitário. A educação básica, que é o ensino fundamental, já coloca a pessoa num patamar distinto da grande massa, mormente num país em que ainda há um contingente de cerca de doze milhões de analfabetos, segundo dados oficiais.

Todavia este patamar que se alcança com a conclusão do ensino fundamental não permite galgar as melhores posições profissionais, ainda que nos habilite a ingressar no mundo do trabalho, alcançando posições profissionais razoáveis.

Mas nosso objetivo não é apenas nos colocar em situação intermediária na sociedade, pois queremos disputar uma colocação profissional no topo da pirâmide, isto é, alcançar os melhores cargos que o mercado oferece.

Para tanto, o primeiro passo é ingressar na universidade, pois são os detentores de diploma universitário que ocupam os melhores cargos nas variadas atividades. Basta um rápido exame sobre a qualificação dos dirigentes de empresas para constatar que o nível universitário é requisito importante para tanto.

Nem sempre o profissional bem-sucedido exerce suas funções em atividade diretamente relacionada com a sua formação universitária, mas sempre os conhecimentos havidos na universidade são determinantes para chegar até ali.

Não desconhecemos a existência de profissionais bem-sucedidos, dirigentes ou proprietários de empreendimentos, que não tiveram boa formação acadêmica, mas são raras exceções no mercado que não devem estimular quem quer que seja para não estudar.

O diploma universitário é um passaporte para o sucesso profissional, mas quando bem escolhido o curso e bem aproveitados os ensinamentos, revela-se muito mais que isso, permitindo ao seu detentor compreender o universo em que está, discutir e alterar

> o ensino universitário completa este ciclo educacional e estimula o estudante a inteirar-se sobre os fatos sociais e o habilita a compreender a sociedade em que vive, possibilitando as melhores escolhas

os caminhos que não são os melhores e, mais importante que tudo, experimentar a formidável sensação de realização profissional e de felicidade.

Eis, em síntese, a importância de um curso universitário na nossa trajetória pessoal e profissional, e na medida em que formos aprofundando a questão na nossa área do Direito, iremos melhor compreender seu real significado.

> nem sempre o profissional bem-sucedido exerce suas funções em atividade diretamente relacionada com a sua formação universitária

FALANDO menos SÉRIO

Tem dias em que o despertador toca e a única coisa na qual a gente consegue pensar é "meu Deus do céu, por que eu fui inventar de fazer faculdade? Seria melhor ter virado youtuber. Seria bem melhor ter virado youtuber. Que erro".

Na verdade, eu me flagro assim até hoje, quando vou escrever minha tese de doutorado e penso "por que que eu fui me meter nessa cilada? Poderia estar assistindo Netflix no sofá". É frequente sentirmos essa angústia. Mas a verdade é que estudar vale muito a pena. Vale a pena sempre. E, cá entre nós, boa parte dos bons youtubers também fez faculdade. Estudar ajuda em tudo.

Como meu pai já disse, há milhares de pessoas que alcançam o sucesso sem um diploma universitário. Mas a grande maioria delas só não o teve por falta de oportunidade. E, cara, quem tem a oportunidade de estudar, no fundo tem a obrigação moral de fazer isso,

> ter um diploma universitário é um bom ponto de partida, mas nada além disso. Ainda vai ser preciso ralar muito e estudar mais para conseguir ter uma vida profissional de sucesso

sobretudo em respeito a uma família que nos proporciona essa chance.

Nas últimas décadas o Brasil se tornou um país mais justo, sobretudo porque o acesso ao ensino superior foi viabilizado para um imenso número de pessoas. Muito embora o atual cenário do país seja o da triste busca da elite pela reversão desse quadro – tentando devolver os mais pobres à miséria para manter seus privilégios –, o fato é que ter um diploma universitário, em muitos casos, deixou de ser diferencial para ser pré-requisito.

Ou seja, quem tem condições de fazer uma faculdade não pode se dar o luxo de não fazê-la. Ter um diploma universitário é um bom ponto de partida, mas nada além disso. Ainda vai ser preciso ralar muito e estudar mais para conseguir ter uma vida profissional de sucesso. O que não dá é para apostar num sucesso sem diploma. Ele até pode acontecer, mas, vai por mim, é melhor não arriscar.

E a bem da verdade é que a gente não pode reclamar de nada – nem do despertador tocando às 6 da manhã, nem do trânsito ao longo do caminho, nem das aulas chatas, nem dos trabalhos longos, nem das provas, nem das monografias – porque tem milhares de pessoas que dariam tudo para ter uma chance dessas.

POR QUE ESTUDAR DIREITO?

FALANDO SÉRIO

Como vimos, a formação universitária e o diploma da universidade constituem ferramentas de grande importância para a nossa vida profissional e pessoal, mas há cursos que propiciam uma formação acadêmica mais abrangente da realidade em que vivemos e, exatamente por isso, oferecem um leque mais amplo de oportunidades no campo profissional.

Cada um de nós tem aptidões específicas, tanto do ponto de vista intelectual quanto do ponto de vista pessoal e emocional. E em função das suas características é que cada pessoa deve buscar um determinado curso universitário.

Sabemos que há profissionais de sucesso nos vários ramos da atividade humana e que têm características pessoais diversas. Há profissionais bem-sucedidos no ramo do Direito que são comunicativos, ou tímidos, há pessoas introspetivas, ou expansivas, o que revela que o curso de Direito não é direcionado apenas a um determinado tipo de pessoa.

o curso de Direito oferece uma formação humanística de grande importância ao aluno e lhe fornece valiosas informações sobre a estrutura política e social do mundo em que vivemos

Isso porque o curso de Direito oferece uma formação humanística de grande importância ao aluno e lhe fornece valiosas informações sobre a estrutura política e social do mundo em que vivemos. Assim, as pessoas adaptam-se ao conteúdo do curso e irão direcionar sua atividade profissional às atividades compatíveis com seu modo de ser, como veremos.

O curso de Direito pode ser dividido em três momentos acadêmicos, como adiante veremos com mais vagar.

No início há um ciclo fundamental que se ocupa das bases sociológicas, políticas e filosóficas da nossa sociedade e que constitui o alicerce para os estudos que se seguirão.

Num segundo momento, que é o ciclo profissional básico, o curso ocupa-se das matérias básicas do Direito, fornecendo ao aluno o conteúdo legal e jurídico das matérias fundamentais.

Afinal, no terceiro momento, que é o ciclo de aperfeiçoamento, conclui-se o aprendizado com as matérias de interesse específico, permitindo ao estudante que se dirija à área de seu interesse pessoal.

Desse modo, todos os acadêmicos que concluem o curso de Direito têm a mesma formação introdutória e fundamental, havendo distinção entre eles apenas na direção profissional que adotam, em função do ramo do Direito a que resolvem dedicar-se.

Tal fato dá ao acadêmico de Direito uma ampla visão da sociedade e o habilita a atuar nas várias áreas do Direito, requerendo apenas um aprofundamento na área de atuação desejada.

Mas, além disso, diante do ecletismo do *curriculum* da faculdade e da visão macro que o curso oferece, habilita a faculdade de Direito também o estudante a atuar em outras áreas afins, tanto na atividade pública quanto na atividade privada, revelando-se o curso ideal no que respeita tanto à formação acadêmica do estudante, quanto às possibilidades profissionais que oferece.

FALANDO menos SÉRIO

Eu resisti muito à ideia de fazer Direito. Acho que me imaginava de terninho cinza e colar de pérola trabalhando num grande escritório – o que me dava arrepios muito profundos. Bem, neste exato momento, 7 anos depois de me formar na PUC, estou trabalhando de tênis Adidas e com uma belíssima calça de pijama que eu comprei anteontem, mas que julguei bela e digna de se usar na rua e no meu escritório – vantagens de abrir o próprio negócio.

O que quero dizer com isso é que é uma ideia extremamente falsa a de que todos os profissionais do Direito são elitistas e conservadores. Sim, tem muita gente elitista e conservadora, mas nós conseguimos sobreviver a elas com nossas calças de pijama, nossos sonhos e nossa vontade de construir um mundo melhor e muito menos besta.

Acredito que, quanto mais o tempo passa, menos "quadrados" ficam os profissionais do Direito. Houve um tempo que decidir fazer faculdade de Direito era ganhar um automático diploma de jovem reacionário. Hoje isso certamente ficou para trás. Há cada vez mais gente fazendo faculdade de Direito por acreditar na sua capacidade de contribuir para um mundo mais legal.

> **o Direito será sempre uma base fantástica, queira você permanecer na área ou não depois de terminar o curso**

O Direito nos abre muitos caminhos. Escritório grande, escritório pequeno, Magistratura, Ministério Público, Defensoria, Procuradoria, jurídico de empresas, mercado financeiro, consultório odontológico, academia de dança contemporânea, sorveteria self-service. Como assim? É simples, o Direito será sempre uma base fantástica, queira você permanecer na área ou não depois de terminar o curso.

Se optar por continuar na área jurídica, cada uma das coisinhas que você estudou ao longo da faculdade vai ser útil, por mais que não pareça. Migrando para outra área você perceberá que sua formação em Direito te ensinou a negociar, a não ser feito de bobo na hora de assinar contratos, a aprender a cumprir prazos com rigor, a ouvir os dois lados de uma história, a trabalhar duro, a tratar os outros de forma cordial (embora alguns colegas não tenham aprendido bem essa lição). Enfim, uma faculdade de Direito te ensina muito mais do que leis e processos.

A grande maioria dos meus amigos de faculdade se manteve na área. São grandes advogados, ótimos professores ou tornaram-se concursados com todo mérito. Alguns mudaram de ideia. Foram estudar jornalismo, artes, contabilidade. E tenho certeza de que nenhum deles se arrepende do caminho que percorreu, nem acha que o curso de Direito foi uma perda de tempo.

Estudar Direito é um ótimo preparo para a vida. É mais ou menos como ter uma mãe virginiana, que cobra seu melhor todo dia, tipo um generalzinho do bem. Depois dela pode vir qualquer coisa. Você está preparado para encarar o mundo. Eu tive a sorte de ter as duas coisas, faculdade de Direito e mãe virginiana. Aos poucos vou aprendendo a lidar com o mundo.

> **uma faculdade de Direito te ensina muito mais do que leis e processos**

COM O QUE EU VOU PODER TRABALHAR?

FALANDO SÉRIO

O estudante que conclui o curso de Direito torna-se bacharel em Direito, título que o habilita para lidar com as variadas questões jurídicas, mas não o torna advogado, de imediato. Isso porque a advocacia é uma das profissões que por lei exigem que a pessoa obtenha habilitação junto ao órgão incumbido da fiscalização da atividade.

No nosso caso este órgão é a Ordem dos Advogados do Brasil, assim como ocorre com os médicos e o Conselho de Medicina, com os enfermeiros e o Conselho de Enfermagem, com os dentistas e o Conselho de Odontologia, com os engenheiros e arquitetos e o Conselho de Engenharia e Arquitetura, dentre outras profissões, que em razão da atividade técnica estão sob a supervisão do respectivo órgão de classe.

Uma vez habilitado junto à OAB, o profissional pode dedicar-se à advocacia como profissional independente em seu escritório, pode associar-se a um colega, ou ainda trabalhar como advogado empregado em escritório de outros profissionais. O advogado pode, ainda, trabalhar nos departamentos jurídicos de empresas e departamentos de *Compliance*. Há quem acredite que para ser um bom advogado é necessário ter uma boa oratória, ou atender a algum perfil estereotipado, mas isso não é verdade, pois a advocacia não apenas possui diversas áreas de atuação, como também há demandas para todos os perfis. Apenas para mencionar uma divisão clássica, existe a advocacia contenciosa e a consultiva, ou seja, advogados que atuam com problemas já instaurados no âmbito administrativo ou judicial e advogados que atuam evitando conflitos e tirando dúvidas sobre quais os melhores caminhos em questões concretas.

Há a possibilidade de submeter-se a concurso público, para carreiras privativas de bacharéis em Direito, como a Magistratura ou o Ministério Público, que são carreiras do Estado e que se subdividem de acordo com a matéria de que se ocupam

A Magistratura comum é composta pelos Juízes de Direito e pelos Desembargadores dos Tribunais de Justiça dos Estados. A Magistratura do Trabalho compõe-se dos Juízes do Trabalho e dos Desembargadores dos Tribunais Regionais do Trabalho. A Magistratura federal comum compõe-se dos Juízes Federais e dos Desembargadores dos Tribunais Regionais Federais.

Eis aí em síntese as carreiras de Juízes Estaduais, Federais e do Trabalho. É verdade que os Desembargadores Estaduais e Federais, após promoção por merecimento ou antiguidade para os respectivos tribunais, podem alcançar o Superior Tribunal de Justiça, assim como os Desembargadores do Trabalho podem alcançar o Tribunal Superior do Trabalho, mas não se trata de carreira, pois são indicados, não havendo promoção por antiguidade, o que é uma característica importante para a carreira profissional.

> há quem acredite que para ser um bom advogado é necessário ter uma boa oratória, ou atender a algum perfil estereotipado

O Ministério Público, não obstante seja uma instituição única, divide-se por competência e atuação em Ministério Público Estadual, que se compõe dos promotores públicos e procuradores de justiça (por promoção), e Ministério Público Federal, que engloba o Ministério Público do Trabalho, e compõe-se dos procuradores.

Há ainda a Defensoria Pública, de âmbito estadual e que é composta pelos defensores que atuam em variadas áreas do Direito e prestam relevante serviço à sociedade. As Procuradorias Estaduais e Municipais são integradas pelos procuradores, igualmente bacharéis em Direito concursados e que atuam na defesa dos interesses do Estado.

Também há variados cargos alcançados mediante concurso público, e privativos de bacharel em Direito, junto a outros órgãos governamentais e a empresas públicas e sociedades de economia mista, além de outras entidades ligadas ao Poder Público e que por força de lei só podem admitir profissionais mediante concurso, tais como as carreiras na área de Segurança Pública, como delegado de polícia civil ou delegado federal; ou ainda carreiras de analista jurídico de apoio especialização em órgãos públicos, tal como analista dos diversos tribunais, analista do Ministério Público, analista da Defensoria Pública etc.

Como dissemos acima, existe a possibilidade de trabalhar em escritórios de advocacia, mas também em departamentos jurídicos de empresas, que reclamam sempre a orientação de um advogado para os atos que devem praticar, além da possibilidade de atuação como consultor jurídico.

O magistério superior oferece oportunidades de emprego a bacharéis em Direito, que irão lecionar as várias matérias que compõem o *curriculum* da faculdade.

A par destas colocações profissionais diretamente ligadas ao Direito, que acima elencamos, muitas outras atividades preferem para a admissão um profissional com formação jurídica. Deste modo, o mundo empresarial oferece muitas opções aos bacharéis em Direito para ocupar relevantes postos em suas organizações.

FALANDO
menos SÉRIO

Se me perguntassem se eu faria faculdade de Direito outra vez, primeiro eu ficaria em pânico, pensando em tudo de novo: o despertador tocando às 5h50, as provas, os trabalhos e os códigos pesados. Mas, logo que esse trauma passasse, responderia sem dúvidas que sim. Não tenho nem um pingo de arrependimento. Só um pouquinho de preguiça – isso tenho, confesso, mas finjam que eu não disse isso.

Ter estudado Direito me ajuda muito na carreira de escritora. Parece brincadeira, mas não é. A quantidade de contratos editoriais que tenho que rever e assinar, a noção acerca da minha responsabilidade por tudo o que escrevo, o quanto melhorei a qualidade da minha escrita durante a faculdade, tudo isso, sem dúvida nenhuma, faz uma grande diferença nos meus dias.

> a faculdade de Direito sempre será um belo instrumento de liberdade – exceto se você se deixar escravizar por um escritório que não seja legal ou por um concurso que te sufoque. E, sério, não caia nessa cilada

Mas, como já disse, além de ser escritora, sou advogada e professora de Direito. O que é realmente curioso é pensar que eu achava que queria prestar concurso. Tinha certeza de que queria ser juíza do trabalho, como o meu pai. Mas, por sorte, percebi que não era isso que eu queria para a vida toda, mesmo antes de começar a estudar para as provas.

Eu sou daquelas pessoas que não sabem ficar parada num lugar só e percebi que não seria feliz se estivesse presa a uma comarca e a uma carreira, portanto comecei a me aventurar. Estagiei com juiz, trabalhei em escritório, estudei fora, trabalhei brevemente em jurídico de empresa, naveguei pelo mundo acadêmico e, finalmente, abri o escritório com meu pai. Hoje, trabalho pra caramba, mas me sinto livre e realizada.

E eu acho que a faculdade de Direito sempre será um belo instrumento de liberdade – exceto se você se deixar escravizar por um escritório que não seja legal ou por um concurso que te sufoque. E, sério, não caia nessa cilada. Você não vai ficar rico aos vinte e muitos, trinta anos. E, na remota hipótese de ficar, provavelmente gastará todo esse dinheiro em tratamentos médicos e psicológicos.

Depois de fazer faculdade de Direito, as portas se abrem, as hipóteses são muitas. Seja no âmbito público, no âmbito privado ou para te ajudar em qualquer outro rumo que você decida dar à sua vida. Sim, eu faria tudo de novo. Mesmo que tivesse de voltar a acordar às 5h50.

O QUE ESPERAR DO CURSO

FALANDO SÉRIO

Há uma enorme variedade de cursos universitários no Brasil, sendo relacionados mais de mil e quinhentos cursos pelas publicações especializadas. Dentre eles há uma enorme diversidade que desperta grande interesse, quer pelo seu objeto de estudo, quer pelos conhecimentos que oferece e pela visão do mundo que possibilita. Há muitas atividades profissionais atraentes, dependendo, é claro, da aptidão de cada estudante e de sua área de interesse.

Não obstante, afirmo que o curso de Direito é um dos mais ricos em conhecimentos ministrados e que oferece maiores possibilidades profissionais aos seus alunos, como veremos. Tanto assim é que as publicações que se dedicam ao tema apontam o curso de Direito como o mais procurado pelos futuros universitários.

Já referimos que o curso está estruturado em três ciclos de conteúdo. O primeiro é o ciclo fundamental, o segundo o ciclo profissionalizante e o terceiro o ciclo de especialização.

Inicialmente, no ciclo fundamental ou básico, o curso oferece matérias como Filosofia, Sociologia, Economia,

Linguagem Jurídica, Introdução à Ciência do Direito, Teoria Geral do Estado. Esta multiplicidade de conhecimentos permite ao estudante obter uma visão multidisciplinar, ampliando o conhecimento das relações econômicas, sociais e jurídicas da nossa sociedade, o que o auxiliará na atividade que no futuro venha a desempenhar.

o curso está estruturado em três ciclos de conteúdo. O primeiro é o ciclo fundamental, o segundo o ciclo profissionalizante e o terceiro o ciclo de especialização

O ciclo profissionalizante contém matérias como Direito Constitucional, Direito Civil, Direito Penal, Direito Administrativo, Direito do Trabalho, Direito Empresarial, Direito Processual Civil, Penal e do Trabalho, Direito do Consumidor, Direito da Criança e do Adolescente e Direito Ambiental. Todas estas matérias compõem o cerne do estudo do Direito, habilitando o estudante a escolher com segurança a área em que pretenderá atuar profissionalmente. O aprendizado é desenvolvido com aulas teóricas, estudos em seminários e pesquisas, além de aulas práticas, simulando situações reais que o profissional do Direito encontra na sua atividade.

Conclui-se o curso de Direito com o ciclo de especialização, oportunidade em que o aluno irá escolher as matérias específicas que pretende cursar, e concluir algumas das matérias jurídicas profissionalizantes. Paralelamente, deverá o aluno cursar o estágio profissional, elaborar seu trabalho de conclusão de curso (TCC) na área que escolher, além de frequentar as aulas práticas de processo, nas várias modalidades, que o habilitarão sob a ótica acadêmica.

É importante lembrar, ainda, que na área do Direito são constantes os programas de intercâmbio entre as faculdades brasileiras e estrangeiras, o que permite ao aluno cursar um ou mais semestres em outro país. Estes estágios são experiências muito ricas, que possibilitam

> são constantes os programas de intercâmbio entre as faculdades brasileiras e estrangeiras, o que permite ao aluno cursar um ou mais semestres em outro país

aos nossos alunos conhecer outro país e outra faculdade, enriquecem não só seu aprendizado teórico, mas também sua vivência acadêmica e pessoal. Há ainda a realização de palestras, seminários e congressos com professores e alunos de outras instituições brasileiras e estrangeiras, o que enriquece muito o currículo acadêmico.

Como vimos, pode-se esperar do curso de Direito a transmissão de um formidável volume de informações, além dos ensinamentos sobre o raciocínio jurídico, que é uma ferramenta essencial ao bom desempenho profissional.

Paralelamente, o curso oferece atividades extraclasse com conteúdo jurídico, social e esportivo, que estimulam a melhor convivência entre os colegas, tornando saudável e atraente a vida universitária. O centro acadêmico e a associação atlética dos alunos promovem festas e eventos, que colaboram para o estreitamento das relações entre os colegas e desperta o entusiasmo pela vida acadêmica.

FALANDO
menos SÉRIO

Não se iluda, você não vai começar a faculdade estudando roubo, homicídio e estelionato, nem vai se tornar aqueles advogados de júri de filme norte-americano que berram "OBJEÇÃO SENHOR JUIZ!", se estiver fazendo faculdade de Direito no Brasil. Acho que essa é a ilusão mais comum: achar que vai chegar no primeiro dia de aula e já começar a estudar Direito Penal e sonhar que no terceiro ano estará fazendo júri com a Annalise Keating de How to Get Away with Murder. Não vai.

O começo da faculdade é muito traiçoeiro, porque estamos totalmente deslumbrados com a liberdade, as festas, os bares, os novos amigos e, ao mesmo tempo, costumamos estar muito frustrados com as matérias que descobrimos que teremos de estudar nesse início.

Todo mundo que escolheu fazer Faculdade de Direito chega lá esperando, de cara, estudar matérias essencialmente jurídicas: penal, civil, trabalho e tantas outras. Mas a realidade é que no início precisamos construir a base para estudarmos o resto. Economia, Sociologia, Filosofia, Teoria Geral do Estado e tantas outras matérias lindas, superimportantes e que muitos de nós, do alto da nossa imaturidade, julgamos serem pouco relevantes para a carreira. Spoiler: não são.

Se vocês soubessem como, hoje em dia, eu queria ter levado essas matérias mais a sério em 2007, aposto que fariam o mesmo. Fez falta no mestrado, fez falta no doutorado e frequentemente faz falta na hora de advogar em causas mais complexas – que, por sinal, são as melhores.

Depois de alguns semestres, as matérias que tanto esperamos vão surgindo. Algumas são tão legais quanto imaginávamos, outras menos e há matérias que nos surpreendem positivamente. Esteja aberto para todas elas. E, caso você não ache o professor o máximo, estude a matéria em dobro. Pode ser que você ame aquele assunto e só não tenha muita sintonia com a didática do professor. Não desista de matéria nenhuma. Nem de tributário (haha, me desculpem, eu adoro

> **acho que essa é a ilusão mais comum: achar que vai chegar no primeiro dia de aula e já começar a estudar Direito Penal**

> **a realidade é que no início precisamos construir a base para estudarmos o resto**

implicar com tributário – isso acontecerá outras vezes ao longo do livro).

Além disso, aproveite a faculdade até seu último fio de cabelo. Vá às festas, aos jogos, coma dogão, açaí, tome cerveja, faça amigos, namore, termine, namore de novo. Esses anos não voltam, parece papo de velha, mas não é (eu nem fiz 30 anos, me respeitem). Estudem, mas curtam também. Equilíbrio é tudo na vida.

> How to Get Away with Murder

Michaela, Wes, Laurel e Patrick são calouros do curso de Direito de uma prestigiosa unversidade dos Estados Unidos e competem entre si para impressionar a famosa professora Annalise Keating, uma famosa advogada criminal. Selecionados para trabalharem no escritório de Annelise, os quatro estudantes passam a lidar com dois assassinatos que mudam suas vidas.

ESCOLHENDO A FACULDADE

FALANDO SÉRIO

Já referimos que o curso de Direito é o mais procurado entre os vestibulandos, o que desperta no empresário o interesse no oferecimento de vagas para esse público. Assim, como informa a OAB-PR,[1] temos no Brasil mais de 1.500 cursos de Direito. Somos o país com o maior número de faculdades de Direito do mundo, o que já sinaliza que nem todos os cursos reconhecidos oficialmente são da melhor qualidade.

Infelizmente, porque a atividade privada investe pesadamente no ramo do ensino universitário e porque a fiscalização do Ministério da Educação não consegue impedir a existência de cursos de menor qualidade, é preciso atenção e critério ao selecionar a faculdade que iremos frequentar.

Em geral, os cursos de faculdades públicas são de ótima qualidade. E, exatamente por este fato e porque são gratuitos, há uma enorme procura, com um número muito grande de candidatos para cada vaga. No que

---

1 Disponível em: <https://www.oabpr.org.br/oab-parana-denuncia-a-abertura-indiscriminada-de-cursos-de-direito-sao-1502-em-todo-o-brasil/>.

somos o país com o maior número de faculdades de Direito do mundo

respeita às faculdades particulares, há desde cursos de ótima qualidade até cursos de baixa qualidade. Exemplificativamente, as universidades católicas são particulares, mas mantêm uma qualidade superior nos cursos que oferecem, equiparando-se às instituições públicas. E muitas outras faculdades privadas seguem o mesmo caminho.

Deve o candidato procurar o curso que lhe agrada, tendo o cuidado de pesquisar detidamente sobre a qualidade da faculdade em que pretende ingressar, iniciando com a visita às instalações do prédio em que o curso se desenvolve.

O interessado deve conferir se o curso é autorizado pelo Ministério da Educação[2] e qual sua classificação na avaliação periódica a que é submetido. É essencial examinar os dados da faculdade, como o corpo docente, além da qualificação acadêmica dos professores, seus currículos, demais atividades a que se dedicam, se for o caso, além da produção científica desses professores, o que afinal confere ao curso sua efetiva qualificação.

É importante conversar com amigos que estudam Direito, com profissionais já formados e com todas as pessoas direta ou indiretamente relacionadas com o ensino do Direito, para obter informações sobre uma determinada faculdade. Há muitos casos em que a fama de determinada instituição não coincide com a realidade, podendo ser muito melhor ou muito pior do que se ouve falar.

A localização geográfica da faculdade é importante, pois estando próxima da residência do aluno, ou de seu local de trabalho torna-se de fácil acesso, o que é muito importante nas grandes cidades. Outro fator relevante

---

2 A consulta pode ser feita em: <http://emec.mec.gov.br/>.

é o preço da mensalidade, em se tratando de faculdade particular. As de melhor qualidade são normalmente as mais caras, sendo o valor mensal em muitos casos proibitivo. Mas há boas faculdades por valores menores.

Também é preciso pesquisar se esta instituição oferece bolsas de estudo, parciais ou integrais, compreendendo o respectivo concurso de seleção, o que pode significar a eliminação desse sério problema. Ademais, existem vagas reservadas ao ProUni (Programa Universidade para Todos), para as instituições que aderem a este programa.

Em tal caso o candidato, para concorrer a uma bolsa, deve ter participado do Enem (Exame Nacional do Ensino Médio) na edição anterior ao processo seletivo do ProUni em curso, e alcançar nota mínima fixada pelo MEC para o Enem. Dentre os requisitos, é necessário ter renda familiar de até três salários mínimos por pessoa, além de outros requisitos constantes do programa.

Além desta pesquisa à distância, deve o candidato visitar a faculdade, a fim de conhecer suas instalações, sentir o clima do relacionamento entre alunos, professores e empregados de secretaria, para conhecer o ambiente. Como normalmente o ingresso é restrito, procure se inscrever em palestra ou curso rápido oferecido, a fim de poder "sentir" o clima da faculdade, o que é muito importante para um bom desempenho no curso.

FALANDO
menos SÉRIO

A primeira coisa a verificar, para escolher uma faculdade, é o preço da cerveja nos bares que a cercam. Brincadeira. Embora eu realmente ache que seja, de fato,

se livre de preconceitos antes de começar a procurar sua faculdade

um fator importante. Mas, falando sério, é preciso escolher a faculdade com calma, com cuidado e com bom senso.

Não, você não precisa estudar na melhor faculdade. Não, você também não deve optar pela pior. Você também não deve escolher uma faculdade que não caiba no seu bolso. E, atenção, no bolso da sua família também. Você pode fazer um bom curso sem sobrecarregar seus pais. Não faça com que seu capricho de estudar "na faculdade que sempre sonhou" faça com que eles percam o sono e a saúde. Isso não é justo.

Não gaste anos da sua vida e um monte de dinheiro com cursinho para tentar estudar naquela renomada universidade pública. Sim, seria incrível estudar lá, mas não transforme isso em uma obsessão. Você pode estudar em uma faculdade privada honesta, que não seja a mais cara, se esforçar, encontrar um estágio que te ajude a bancar o curso desde cedo, estudar com afinco, e entrar logo no mercado de trabalho.

Eu, como quem estudou na PUC-SP e como quem deu aula em faculdades privadas de bairros menos nobres da cidade, bem como no interior do Estado, posso dizer: há faculdades excelentes por aí. Basta procurar. Sempre digo aos meus colegas advogados, quando eles me dizem que estão procurando estagiários: parem com essa bobagem de só contratar alunos das faculdades X, Y ou Z. Há bons alunos em todas as faculdades. Tem gente fantástica em faculdades da periferia, dando tudo para poder agarrar uma oportunidade.

Por isso, se livre de preconceitos antes de começar a procurar sua faculdade. E, sim, como meu pai disse, leve a localização em conta, sobretudo se você vive em cidades muito grandes e caóticas. Não é nada bom estar matriculado em uma faculdade na qual você nunca consegue chegar no horário, perdendo aulas e se desgastando diariamente com o trânsito.

Leve todos esses elementos em conta. Pense com calma e se livre de dogmas. Aquele clichê de que "o aluno é quem faz o próprio curso" não deixa de ser uma verdade. Se você estudar e levar as coisas a sério, a probabilidade de ser um bom profissional é altíssima, independentemente da faculdade.

E lembre-se: diploma não faz carreira. De nada adianta um diploma de uma das melhores faculdades se você for um babaca. Ninguém é melhor do que ninguém por ter estudado aqui ou ali. Guarde seu orgulho no bolso, tenha humildade e trabalhe sério. É isso que vai te fazer um grande profissional.

guarde seu orgulho no bolso, tenha humildade e trabalhe sério. É isso que vai te fazer um grande profissional

SERÁ QUE EU TENHO O PERFIL ADEQUADO?

FALANDO SÉRIO

É frequente ouvir dizer que o profissional do Direito mais bem-sucedido é a pessoa mais eloquente e que gosta de falar em público, porque estes são requisitos decisivos para o sucesso profissional. Trata-se de uma meia verdade, contudo.

Isso porque há muitos profissionais bem-sucedidos no ramo do Direito que são tímidos e não gostam de falar em público. Isso porque nem toda atuação do profissional do Direito necessita daquelas características referidas.

Há atividades na advocacia que de fato reclamam a capacidade de falar em público e de alguma eloquência, como a atuação em juízo na realização de audiência e as sustentações orais perante os tribunais. Estas funções, que compõem o que se denomina de advocacia de contencioso, realmente exigem aquelas características pessoais referidas. Já a advocacia consultiva não reclama aquelas características, pois significa trabalho de orientação, elaboração de contratos e todo o esforço para evitar o contencioso.

O trabalho de consultoria, que significa assessorar e orientar o cliente e outros profissionais quanto ao procedimento adequado nas várias situações, é que normalmente se denomina consultivo, e que não exige do advogado um comportamento extrovertido. Igualmente, a assessoria na discussão, elaboração e celebração de contratos, é atividade importante e que não exige o comportamento que se convencionou ser típico do advogado bem-sucedido.

o que é importante para trabalhar com o Direito é que o estudante goste do objeto de estudo e tenha prazer no desenvolvimento da atividade que vai exercer

Desse modo, o temperamento da pessoa, seja ela mais ou menos eloquente e extrovertida, não interfere no seu sucesso profissional, valendo lembrar que, não raro, com o desenvolvimento da atividade profissional, as pessoas podem modificar sua maneira de ser, de tal modo que alguém mais tímido ao longo da carreira vai perdendo a timidez, tornando-se mais comunicativo.

De outra parte, o trabalho de pesquisa e de elaboração de textos, tanto para subsidiar o trabalho em escritório, quanto na universidade ou em instituição voltada ao estudo do Direito, também se revelam ótimas oportunidades de trabalho, sendo indicadas para profissionais que não desejam atuar em juízo.

O que é importante para trabalhar com o Direito é que o estudante goste do objeto de estudo e tenha prazer no desenvolvimento da atividade que vai exercer, como se faz necessário para o bom desempenho de qualquer atividade.

O que é decisivo para que o estudante se torne um profissional competente é que tenha gosto pelo que faz, trabalhando num ambiente agradável. Sendo assim, havendo harmonia no ambiente de trabalho, todos terão condições de adequar seu perfil para melhor desempenhar as tarefas que se apresentarem.

É importante ressaltar que do mesmo modo que o profissional procura adequar-se às características do novo trabalho, os dirigentes igualmente passarão a observar o desempenho do novo integrante, buscando identificar qual o setor em que melhor se encaixa e que tipo de atividade é mais apropriada para ele ocupar-se, resultando desta preocupação conjunta a adequação do novo profissional ao setor mais de acordo com o seu perfil.

A indagação sobre ter ou não o perfil adequado só pode ser respondida a contento permitindo que o interessado experimente as várias atribuições possíveis no local de trabalho, a fim de encontrar uma ou algumas que mais se adaptam a seu modo de ser. Em resumo, é preciso trabalhar e aguardar algum tempo para identificar o trabalho mais de acordo com o modo de ser e agir do profissional.

FALANDO
menos SÉRIO

De uns anos para cá venho percebendo que as pessoas ficam bastante surpresas quando descobrem que eu sou advogada. Dizem coisas engraçadas como "mas você é tão divertida!" ou "mas você é tão informal", o que me faz concluir que a grande maioria das pessoas presuma que todos os profissionais do Direito são uns chatos insuportáveis.

Tento dizer para as pessoas que essa concepção que elas têm do advogado, do juiz, do promotor e de outros colegas nossos é muito distorcida e muito antiga. Parte da culpa deve ser dos filmes e outra parte deve ser daqueles profissionais que aparecem dando entrevistas nos jornais

> o profissional do Direito não tem um perfil predefinido

com aquela roupa alinhada, sentados em frente a uma estante cheia de livros vermelhos antigos, falando coisas que absolutamente nenhum leigo poderia entender – o que, diga-se de passagem, faz com que as entrevistas se tornem completamente inúteis.

O profissional do Direito não tem um perfil predefinido. Como meu pai colocou, há gente tímida e gente desinibida. Alguns são divertidos, outros não. Alguns são conservadores, outros não. Alguns são arrogantes, outros não. Há gente de esquerda e de direita. Com cabelinho trabalhado no gel ou com longos dreads. E exatamente por isso é que é tão bom.

Pessoas mais extrovertidas podem se dar bem na carreira de docente ou como advogados que fazem tribunal do júri ou sustentações orais. Pessoas mais reservadas podem ser brilhantes como pesquisadores do Direito, autores de livros e advogados do consultivo. Há, sem dúvida nenhuma, espaço para todos.

E, além disso, é importante saber que a faculdade vai nos transformar em uma série de aspectos. Entramos lá de um jeito e saímos de outro. Em geral, uma mudança para melhor – exceto no quesito cerveja, nesse a gente só piora. O importante é saber que vai ser preciso ter foco para estudar, ter paciência para ler, ter vontade de fazer dar certo. O resto a gente resolve com o tempo.

E SE EU ME ARREPENDER?

FALANDO SÉRIO

O ideal é que o profissional ingresse no seu novo trabalho e ali permaneça enquanto desejar, aprendendo com a prática e dedicando-se às atividades mais de acordo com seu modo de ser, pensar e agir. E assim continue no mesmo trabalho por vários anos, experimentando um progresso funcional, com repercussão positiva nos seus ganhos e passando a ocupar postos de direção.

Todavia, o mundo do trabalho é dinâmico e possivelmente surgirão novas oportunidades de trabalho mais atraentes, quer pelo desafio de uma nova atividade, quer pela retribuição financeira, quer pelos novos colegas de trabalho, ou ainda pela maior afinidade com os novos colegas.

Deste modo é comum observarmos uma mudança de empregos dos profissionais do Direito, por vários motivos, havendo casos frequentes de dissolução de sociedade de advogados, resultando na criação de novos escritórios. Tais fatos são motivados tanto por questões pessoais, por mudança de orientação profissional que ocasiona posições não conciliáveis entre os

iniciar uma carreira como advogado não significa uma decisão para sempre, pois vários são os motivos para mudanças

sócios, ou por aprovação em concurso público de um dos integrantes, que decide ingressar na carreira pública, deixando a atividade privada desenvolvida até então.

Tudo isso mostra que iniciar uma carreira como advogado não significa uma decisão para sempre, pois vários são os motivos para mudanças. E um deles pode ser o arrependimento do profissional que com o passar do tempo constata que não se adapta àquele trabalho pelo seu objeto, pelas condições de trabalho, pelo difícil convívio com as pessoas, ou outros motivos. Não obstante, todo o conhecimento obtido e a experiência decorrente do trabalho desenvolvido não serão perdidos, pois certamente auxiliarão numa nova atividade.

O arrependimento pode ser decorrente da experiência de trabalhar em escritório de advocacia, caso em que a pessoa poderá prestar concurso público para a Magistratura, o Ministério Público, a Advocacia Pública, a Defensoria Pública, ou uma Procuradoria estadual ou municipal, além de tantos outros concursos públicos para advogados. Há ainda a possibilidade de ingressar em departamento jurídico de empresa, de sindicato, ou de outra entidade que necessite do concurso de um profissional do Direito.

Mas o arrependimento pode ser com o Direito, pois após concluir o curso e trabalhar em um ou em alguns locais, a pessoa constata que não gosta do trabalho com conteúdo jurídico, revelando a vontade de deixar de trabalhar na área e buscar trabalho em outro setor. Esta situação não é frequente, mas acontece em alguns casos e, qualquer que seja o novo trabalho pretendido, certamente a formação jurídica e a experiência profissional serão atributos importantes para possibilitar a aprovação e o ingresso do interessado neste novo trabalho.

todo o conhecimento obtido e a experiência decorrente do trabalho desenvolvido não serão perdidos, pois certamente auxiliarão numa nova atividade

FALANDO
menos SÉRIO

Sim, eu tenho colegas que mudaram de ideia depois da faculdade. Uma virou artista plástica, outra foi estudar Comunicação, outro foi estudar Letras, outro virou fazendeiro. Eu mesma hoje me divido entre as carreiras de advogada e de escritora. Mas eu não acho que essas mudanças queiram dizer que eles se arrependeram. As pessoas simplesmente decidiram abrir novas portas.

No meu caso, eu nunca me senti infeliz no Direito, mas novas oportunidades foram surgindo e eu abracei cada uma delas. E mesmo quando as pessoas decidem inaugurar outros caminhos e tentar coisas novas, também não me parece que seja um sinônimo de arrependimento. Muitas carreiras se complementam ou, pelo menos, se tornam mais ricas com esse intercâmbio de informações.

Como já disse, não tenho absolutamente nenhuma dúvida do quanto a formação em Direito me ajuda nas outras esferas nas quais trabalho (na escrita para os jornais, nas relações com as editoras e em tantos outros projetos que derivam disso). Para ler os contratos que assino, para argumentar nas negociações, para cumprir minhas obrigações com segurança e cobrar os compromissos que os outros firmaram comigo, para me posicionar de uma forma geral.

Enfim, como meu pai já disse, a faculdade de Direito nos traz uma base para a vida toda, seja dentro da carreira jurídica ou não. Quando nos formamos em Direito, temos, vida afora, a sensação de que quase

acredito realmente que uma faculdade de Direito nunca será uma perda de tempo, mesmo que, lá na frente, você decida ser chef de cozinha, astronauta, engenheiro ou bailarino da Anitta

ninguém tem condições de nos fazer de bobo, pois já estamos realmente escolados, precavidos e com uma certa malícia. Ninguém enrola a gente se a gente não deixar.

Acredito realmente que uma faculdade de Direito nunca será uma perda de tempo, mesmo que, lá na frente, você decida ser chef de cozinha, astronauta, engenheiro ou bailarino da Anitta. Sempre haverá um bom proveito de tudo aquilo que você estudou e muitas portas se abrirão mais facilmente por conta disso.

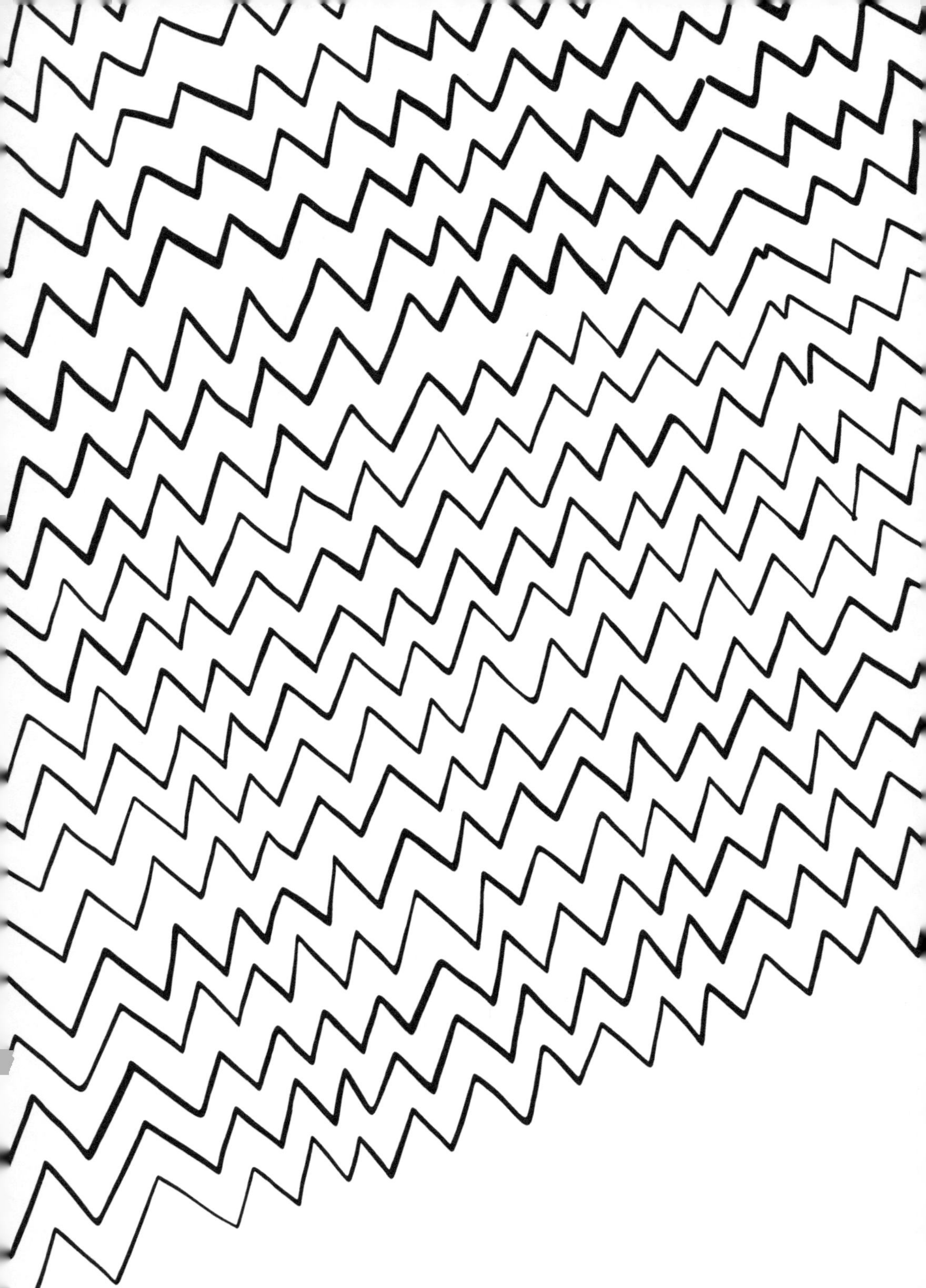

parte dois
Durante o curso

AS MATÉRIAS

FALANDO SÉRIO

Ao ingressar na faculdade sua preocupação volta-se às matérias que terá de cursar, aprender e lograr aprovação. Já vimos que o curso de Direito se compõe de três ciclos, o fundamental, o profissionalizante e o de especialização.

Quando iniciamos na faculdade, desde logo cursamos o ciclo fundamental, que se compõe de Filosofia, Economia, Teoria Geral do Direito, Sociologia e Introdução à Ciência do Direito.

Há num primeiro momento um choque entre a expectativa do aluno, que ingressou na faculdade de Direito pensando em estudar Direito Penal, Direito Constitucional, Direito Civil, Direito do Trabalho, e as matérias que lhe são oferecidas no primeiro semestre, que são introdutórias ao estudo dos conteúdos profissionalizantes. À primeira vista tem o ímpeto de deixar o curso, pois não imaginou estudar Filosofia, Sociologia, Teoria Geral e outros conteúdos que não consegue enxergar como importantes para sua formação.

Com um pouco de calma e paciência, logo no início do semestre começa a perceber que o conteúdo dessas matérias básicas tem estreita relação com o estudo e a melhor compreensão do Direito.

Quando o professor ou a professora de Filosofia, por exemplo, indicar para estudo e debate em classe o livro *O Caso dos Exploradores de Cavernas*, pequeno texto escrito e publicado na revista da Universidade de Harvard, pelo professor dessa universidade Lon L. Fuller, no ano de 1949, começarão os alunos a entender que o Direito só pode ser corretamente compreendido quando temos fundamentos de Sociologia, Ciência Política, Filosofia e História.

Isso porque a leitura provocará sensível dúvida diante do choque entre o respeito ao ser humano e a própria sobrevivência das pessoas. Aí começaremos a entender que o nosso curso é mais interessante do que pensávamos, e que essas matérias básicas têm relação com o que pretendemos aprender, além de constituírem o alicerce do conteúdo que veremos ao longo do curso.

Ultrapassado o ciclo fundamental, começaremos a estudar as matérias que compõem o que denominamos ciclo profissionalizante. Chegou a nossa vez de conhecer e estudar as matérias que imaginamos que veríamos já no primeiro dia de aula.

Direito Constitucional, Direito Administrativo, Direito Tributário, Direito Previdenciário, que constituem o Direito Público, como vimos lá na Teoria Geral do Direito. E Direito Civil, Direito do Trabalho, Direito Empresarial, Direito Processual Civil, Direito Processual do Trabalho, que constituem o Direito Privado, além de Direito Internacional, Direito Penal, Medicina Legal e Direito Processual Penal.

> **quando o professor ou a professora de Filosofia, por exemplo, indicar para estudo e debate em classe o livro *O Caso dos Exploradores de Cavernas*, (...) começarão os alunos a entender que o Direito só pode ser corretamente compreendido quando temos fundamentos de Sociologia, Ciência Política, Filosofia e História**

Estas são as matérias básicas, estudadas desde sempre nos cursos tradicionais de Direito. Mas atualmente, com a evolução da nossa sociedade, os currículos das faculdades incorporaram novos e importantes conteúdos, como Direito da Criança e do Adolescente, Direitos Humanos, Direito do Consumidor, Direito Ambiental, Psicologia Jurídica, Cibernética e Direito, dentre tantos outros ramos do Direito que decorrem da evolução social.

Estas matérias são ministradas como currículo obrigatório, mas várias delas compõem o leque de matérias opcionais, que os alunos, quando alcançam os últimos anos do curso, devem escolher para compor a carga horária necessária, dirigindo seus estudos à área do conhecimento jurídico por eles escolhida.

FALANDO *menos* SÉRIO

Eu fui uma dessas que meu pai mencionou. Entrei na PUC crente que iria, já na primeira semana, sair pronta para fazer um júri na Barra Funda ou para, pelo menos, assistir a uma audiência e entender tudo. A realidade é que até hoje, mais de dez anos depois, eu ainda não estou nada pronta para fazer um júri (graças a Deus), nem entendo tudo quando assisto a determinadas audiências. Mesmo assim, sou feliz e não me julgo uma completa estúpida.

Sofri. Sofri muito com as aulas de Economia. E hoje sofro ainda mais por não ter prestado mais atenção nessas aulas, porque elas estão fazendo muita falta no doutorado. Sociologia também não foi muito fácil, mas,

> **hoje sofro ainda mais por não ter prestado mais atenção nessas aulas, porque elas estão fazendo muita falta no doutorado**

sendo humanas, já estamos mais em casa. Filosofia eu adorava porque – meu pai que não leia essa parte – o professor era uma graça. Na PUC, de quebra, ainda temos Teologia e Lógica Jurídica. Entre mortos e feridos, sobrevivi.

O fato é que eu realmente gostaria de ter estudado essas coisas um pouco mais madura do que eu era com 18 anos. Hoje, com quase 30, continuo imatura, mas acho que aproveitaria muito mais. Meu conselho: não achem que essas matérias são "só para passar". Sim, é preciso passar, mas deem atenção a elas. Caso contrário, um dia vocês terão que estudar tudo de novo, como estou estudando agora – e era mais fácil em 2007, quando eu não tinha 3 empregos, uma casa para cuidar, uma enteada para buscar na escola e um marido maravilhoso que embora cozinhe bem, nunca sabe ao certo onde estão as próprias meias.

No segundo ano (terceiro semestre? Nunca vou me acostumar com isso – parece aquelas grávidas que falam que a gestação tem 16 semanas em vez de falar que estão grávidas de 4 meses, acho muito confuso) já começa a melhorar. E começam a aparecer as surpresas.

Você jurava que ia amar Direito Penal: detesta. Você tinha certeza que ia detestar Direito do Trabalho: adora. Você achava que Processo Civil era fácil: tira 2 na prova. Você nem sabia que tinha aula de Direito do Consumidor: se apaixona. Você tinha pânico de Direito Tributário: acertou, tenha mesmo, foi meu maior pesadelo, por mais que eu adorasse a professora (te amo Ju, a culpa é dos tributos, não sua).

> **abra a cabeça e abra o coração, você ainda não sabe o que está por vir**

Abra a cabeça e abra o coração, você ainda não sabe o que está por vir. Não julgue nenhuma matéria como irrelevante. Todas têm o mesmo poder de te reprovar. E, no *fundo, quase todas vão ser importantes para você num dado momento. Se eu tivesse estudado mais Economia e mais Tributário, certamente não teria tantos problemas com o meu imposto de renda.*

O Caso dos Exploradores de Cavernas, de Lon L. Fuller

A leitura provocará sensível dúvida diante do choque entre o respeito ao ser humano e a própria sobrevivência das pessoas. Esse caso procura demonstrar a complexidade da aplicação do Direito e a necessidade de compreendê-lo como parte de uma realidade social.

OS PROFESSORES

FALANDO SÉRIO

Em vários cursos universitários os professores são profissionais que se dedicam exclusivamente ao magistério, enquanto que em outras áreas os professores têm outra atividade profissional além da docência. Tal fato ocorre nas faculdades cujo conteúdo alcança, além da teoria, ensinamentos de natureza prática, como requisitos para a formação completa do aluno.

Esta é a situação do curso de Direito, que além dos conhecimentos teóricos necessários ao aluno, alcança conteúdos práticos, como Direito Processual Civil, do Trabalho, Penal, Administrativo, Tributário, além de matérias como Prática Forense. As cadeiras de Direito Processual englobam, além dos conhecimentos teóricos, o conteúdo referente aos diversos procedimentos a observar no andamento do processo, o que reclama aulas práticas.

> à medida que vamos conhecendo nossa faculdade, passamos a conhecer os professores, seus métodos de aula e de avaliação, o que influi no desempenho nas várias disciplinas

Assim, é comum encontrar professores de Direito que, além do magistério, são advogados, juízes, membros do Ministério Público, Defensores Públicos, Procuradores, o que lhes permite aliar ao conhecimento teórico a experiência da sua atividade diária nas lides forenses, enriquecendo suas aulas com o relato de casos concretos em que atuaram, ilustrando e melhor explicando as questões a examinar.

O aluno aos poucos vai conhecendo cada professora ou professor, avaliando as informações que obteve do colega que já foi seu aluno, o que lhe permite aproveitar melhor as aulas, como saber qual a melhor postura a adotar.

À medida que vamos conhecendo nossa faculdade, passamos a conhecer os professores, seus métodos de aula e de avaliação, o que influi no desempenho nas várias disciplinas.

FALANDO
menos SÉRIO

Esqueça tudo o que você sabe sobre professores. Escola e cursinho são uma coisa. Faculdade é outra, completamente diferente. Já não há mais fralda Pampers, baby wipes e bolacha Passatempo, amigo(a). Agora, meu querido/minha querida, o negócio é outro.

Ok, fui dramática. Mas é o seguinte: quando você estava na escola, seus pais eram seu escudo. "Mããããeee, a professora pegou minhas figurinhas e não devolveeeeeu", "paaaaaiiii, o professor de educação física gritou comigo". E aí seus pais iam lá e resolviam as coisas em seu nome. Essa fase acabou, agora você está por sua conta. E isso é uma coisa boa.

sim, você vai ter professores incríveis que vai guardar no peito para o resto da vida. Sim, você também terá professores antipáticos – e até grosseiros – e terá que lidar com isso

Você vai encontrar todo tipo de professor. Aqueles que te tratam como se você já fosse um advogado de 40 anos, aqueles que te tratam como se você fosse filho deles, aqueles que te tratam mal, aqueles que simplesmente não te tratam: vão lá, dão a aula e vão embora sem olhar para trás.

Sim, você vai ter professores incríveis que vai guardar no peito para o resto da vida. Sim, você também terá professores antipáticos – e até grosseiros – e terá que lidar com isso sem gerar conflito, mas sem se deixar ser desrespeitado. É um equilíbrio difícil, uma verdadeira acrobacia.

Valorize os professores rigorosos. Sim, é uma delícia não fazer p*rr* nenhuma e passar com 9,5. Mas lá na frente isso vai fazer falta. Seja grato por ter professores que exigem que você estude, em vez de reclamar deles. Assista às aulas com atenção, anote, dê bom-dia quando entra na sala, peça licença para sair, agradeça no fim da aula, dê um aperto de mão no fim do semestre. É fácil ser educado, embora muita gente se esqueça disso.

Devemos ser assim por educação e por boa índole. Mas, de toda forma, lembre-se que você encontrará esses professores mais tarde. Eles serão o juiz daquela sua causa importante, serão o responsável pela seleção no mestrado, serão o sócio do escritório no qual você tentará um emprego. O mundo é pequeno e o mundo jurídico é ainda menor. Tudo nesse universo vai e volta.

Sobre a importância (e as dificuldades) de ser professor, sugerimos esses três belos filmes, que todo mundo deveria assistir – querendo ser professor ou não:

> *A Sociedade dos Poetas Mortos* – 1990 – Direção: Peter Weir – 2h08min

No final da década de 1960, um professor de literatura – nada ortodoxo para os padrões e expectativas da época – incentiva seus alunos a pensarem por si mesmos e a perseguirem seus sonhos.

> *A Onda* – 2009 – Direção: Dennis Gansel – 1h48min

Em uma escola alemã, os alunos escolhem entre duas disciplinas eletivas: anarquia e autocracia. O professor designado para lecionar a segunda matéria – contra sua vontade, diga-se de passagem – propõe um experimento para seus alunos, que duvidam da possibilidade de surgir uma ditadura na Alemanha atual. Para exemplificar, ele inicia a simulação de um governo fascista, que os alunos nomeiam como "A onda". O movimento ganha força e ultrapassa os limites da escola.

> *Entre os muros da escola* – 2009 – Direção: Laurent Cantet – 2h08min

Um professor de língua francesa de uma escola de ensino médio procura fazer com que seus alunos aproveitem melhor o conhecimento passado ao longo do ano letivo, mas encontra dificuldades como o descaso e desrespeito dos estudantes.

COMO ESTUDAR

FALANDO SÉRIO

A maneira de estudar varia de aluno para aluno, bem como se modifica em função do método de ensino de cada professor. Há professores que fazem avaliação a cada aula, com pequenas provas, ou trabalhos em classe, o que facilita a aprendizagem. Há alunos que preferem anotar todas as informações do professor em classe, para dirigir o estudo da matéria na época das provas.

Outros preferem prestar atenção às aulas e estudar todo o conteúdo ao final do bimestre, nos livros indicados pelo professor. Cada um de nós tem características pessoais que influenciam na melhor maneira de estudar e assimilar os conhecimentos. Há quem necessite de anotação para ajudar a fixar as ideias, enquanto outros têm aguçada a memória auditiva e visual, o que recomenda prestar atenção na aula expositiva, e deixar para fazer anotações após a aula.

Como vemos, o método de estudo é variado e deve ser escolhido pelo aluno aquele a que melhor se adapta, não existindo uma só regra a seguir, além do que convém que

> **devemos adotar um modo de estudo que melhor se adapte a cada matéria, proporcionando a sedimentação do conhecimento e um melhor desempenho na prova, de acordo com o sistema de aula e de avaliação adotados**

o estudante busque adaptação à forma de aula adotada pelo professor.

É possível constatar que em função da metodologia adotada pelo professor, com a utilização de debates em classe, ou a realização de seminários, além do estudo de textos indicados, e que devem ser preparados para discussão em sala de aula, o modo de estudar para prova nesta matéria difere do método adotado com relação a outro professor que adota a aula discursiva e a indicação de bibliografia a ser consultada para a prova bimestral.

Desse modo, devemos adotar um modo de estudo que melhor se adapte a cada matéria, proporcionando a sedimentação do conhecimento e um melhor desempenho na prova, de acordo com o sistema de aula e de avaliação adotados.

Este tema, na verdade, é mais complexo para explicar do que para compreender na prática. Além da bagagem e experiência que o aluno traz do ensino fundamental, ao passar a frequentar a universidade, rapidamente terá uma fotografia dos vários professores, das características de suas aulas e, rapidamente, saberá adaptar-se às melhores formas de estudo e aproveitamento de cada matéria.

FALANDO
menos SÉRIO

Em primeiro lugar: preste atenção nas aulas. Em segundo lugar: preste atenção nas aulas. Em terceiro lugar: preste atenção nas aulas. "Mas a aula é chata", "mas o professor é ruim", "mas hoje é quarta e tem jogo", "mas hoje é sexta e o bar tá cheio". Preste. Atenção. Nas. Aulas.

> **em primeiro lugar: preste atenção nas aulas. Em segundo lugar: preste atenção nas aulas. Em terceiro lugar: preste atenção nas aulas**

Por quê? Primeiro porque essa é a sua obrigação como aluno. Segundo porque isso vai reduzir cerca de 60% do tempo que você vai gastar estudando. Terceiro porque o professor vai começar a ter alguma simpatia por você.

E enquanto assiste à aula, faça anotações. Se o professor fizer lousa, copie tudo. As melhores aulas costumam ser aquelas em que a lousa está cheia e organizada (pelo menos para mim era o que funcionava melhor). Se você fizer isso, já percorreu mais de metade do caminho para tudo dar certo.

Depois pergunte ao professor como ele sugere que você estude. Ninguém melhor do que ele para te responder isso. Ele vai te orientar: o livro tal, a apostila, os seminários, as anotações do caderno. E, por incrível que pareça, as provas costumam ser coerentes com as orientações de estudo do professor – exceto um ou outro maluco por aí que ensina goiabas e pede canivetes na prova.

Eu sempre gostei de estudar lendo o livro e grifando. Depois disso, fazia um resumo das partes que grifei, de preferência à mão. E antes da prova ficava relendo meu resumo. Funcionava para mim. Para outros, pode ser uma porcaria de método. Tem gente que consegue simplesmente ler e fazer as provas. Tem gente que precisa fazer testes e exercícios.

> **pergunte ao professor como ele sugere que você estude. Ninguém melhor do que ele para te responder isso**

Enfim, não há uma fórmula exata, mas descubra qual é a sua o quanto antes, porque isso vale ouro – ouro e noites de sono bem mais tranquilas. Não deixe para descobrir que você estava estudando errado quando chegar no décimo semestre. Ah, e não se esqueça: preste atenção na aula.

O ESTÁGIO
Existe momento certo para começar?
O que vão exigir de mim?
Estudo e comprometimento

FALANDO SÉRIO

O estágio para o estudante de Direito é muito importante e constitui uma etapa valiosa na sua formação acadêmica e profissional, pois é através do estágio que o estudante terá uma experiência prática na aplicação dos ensinamentos obtidos na faculdade, podendo melhor avaliar o que significa trabalhar em cada especialidade do Direito.

É importante ressaltar que os escritórios de advocacia, os departamentos jurídicos de empresas, entidades profissionais e sindicatos, assim como as instituições públicas, preferem estagiários dos últimos anos da faculdade, pois aí podem inscrever-se como estagiários na Ordem dos Advogados do Brasil e praticar atos não privativos de advogado, nos termos do Estatuto da OAB, que é a Lei nº 8.906, de 04 de julho de 1994. Assim, esses estudantes dos últimos anos têm mais facilidade de encontrar estágio.

Não obstante, mesmo nos primeiros anos do curso, os alunos normalmente conseguem colocação em estágios, que afinal serão valiosos como experiência em sua formação profissional. Mas, sendo aluno dos primeiros anos não poderá inscrever-se na OAB e, portanto, não poderá praticar atos não privativos de advogado, que o estagiário regularmente inscrito pode praticar. Por isso, e porque os estudantes dos últimos anos têm mais conhecimentos, são eles os preferidos para estagiar.

Na minha opinião, o estágio deve ser preferencialmente uma preocupação dos alunos dos últimos dois anos do curso, pois aí já têm uma visão mais clara de suas opções profissionais e já têm conhecimento razoável para melhor aproveitar as experiências do estágio.

É importante lembrar, contudo, que há muitos casos de alunas e alunos que passam a trabalhar como estagiários logo no início do curso e conseguem fazer uma interação entre o aprendizado teórico da faculdade com o aprendizado prático do estágio, tendo muito bom desempenho em ambas as atividades, pois afinal uma complementa a outra.

Quando se trata de instituição privada, como um escritório de advocacia, a seleção é menos formal e muitas vezes consiste em uma entrevista, para avaliar o perfil do candidato ou da candidata e seu interesse pela profissão. Neste caso, há um componente subjetivo que interfere na obtenção de uma vaga, que diz respeito às relações pessoais do candidato, através de amigos, professores e parentes, que tenham relacionamento com os sócios do escritório de advocacia e que, portanto, acabam auxiliando na obtenção do estágio.

Já nas instituições públicas há concursos, sendo a seleção mais disputada, mesmo no ingresso para estágio não remunerado, mas que propicia excelente experiência ao estudante. É claro que o estágio não remunerado não estimula o aluno, pois além de não receber pagamento pelo trabalho ainda

> é importante lembrar, contudo, que há muitos casos de alunas e alunos que passam a trabalhar como estagiários logo no início do curso e conseguem fazer uma interação entre o aprendizado teórico da faculdade com o aprendizado prático do estágio

terá despesas de alimentação e locomoção, não havendo previsão para tanto nas instituições públicas.

Não obstante, para aqueles que buscam o estágio para aprender, o estágio em instituição pública pode ser mais rico em experiências profissionais, pois o estagiário é chamado a realizar atos mais complexos, propiciando maiores conhecimentos práticos e teóricos.

Eu mesmo fui estagiário do Ministério Público do Trabalho da 2ª Região, em São Paulo, em estágio não remunerado, mas que proporcionou muito conhecimento sobre Direito e Processo do Trabalho, além de precioso relacionamento com procuradores, juízes e serventuários da Justiça do Trabalho.

Tratava-se do setor de atendimento do Ministério Público do Trabalho para jovens adolescentes sem responsável legal e que necessitavam de representante para ingressar na Justiça do Trabalho com reclamação trabalhista, conforme previsto pelo artigo 793 da Consolidação das Leis do Trabalho. Além de elaborar a petição inicial, supervisionada e assinada pelo Procurador do Trabalho, realizava as audiências e o acompanhamento dos processos, o que me propiciou razoável conhecimento, mesmo antes de concluir o curso.

O cuidado que o estudante deve ter é para que o estágio não prejudique a frequência às aulas e as horas de estudo, sob pena de não se tratar de experiência positiva. Durante o curso universitário, do primeiro ao último ano somos estudantes em primeiro lugar e devemos privilegiar esta condição e aprender o máximo possível.

Podendo conciliar a faculdade com o estágio, esta convivência será perfeita, mas se um dos dois tiver de ser sacrificado, sem dúvida deverá ser o estágio, isto porque após

> o estágio em instituição pública pode ser mais rico em experiências profissionais, pois o estagiário é chamado a realizar atos mais complexos, propiciando maiores conhecimentos práticos e teóricos

> durante o curso universitário, do primeiro ao último ano somos estudantes em primeiro lugar e devemos privilegiar esta condição e aprender o máximo possível

a faculdade teremos a vida toda para trabalhar e, em contrapartida, um curso mal aproveitado representaria uma perda difícil de reparação.

Afinal, como referido acima, muitas alunas e alunos conseguem conciliar os estudos na faculdade com o trabalho no estágio, mas nunca é demais repetir que enquanto formos acadêmicos de Direito nosso comprometimento é com o estudo, que deve prevalecer sobre as demais atividades. Já no estágio, para conseguir uma evolução funcional, é preciso demonstrar comprometimento com o trabalho, o que sinaliza o interesse e a dedicação.

Mas, acima de tudo, quando houver necessidade de decidir entre a faculdade e o estágio é importante fazer ver ao advogado, ou chefe do departamento jurídico, que devemos privilegiar o estudo. Esta postura não desagradará o superior hierárquico, mas ao contrário, será sinal positivo de compromisso sério com o Direito.

Estas considerações são feitas sem esquecer, contudo, que para a maioria dos estudantes de Direito faz-se necessária uma ocupação remunerada, sob pena de não poder arcar com o custo da mensalidade e demais despesas, daí por que tudo o que se disse deve ser ponderado com essa questão, que é de importância fundamental.

FALANDO
menos SÉRIO

Comece a estagiar quando você achar que deve começar. Não quando seus amigos começarem, não quando sua tia palpiteira achar que você deve, não quando seu irmão te chamar de vagabundo. Quando você perceber que é a hora certa. Precisa de dinheiro para pagar a mensalidade ou para ajudar em casa? É hora. Sente que já aprendeu coisas na faculdade que te farão ser útil num escritório ou num gabinete? Beleza. Todos seus amigos já estão estagiando? Não interessa. A sua hora é a sua hora.

permaneça num estágio onde você sente que cresce, que aprende e que é respeitado

Eu comecei a estagiar no terceiro ano – quinto semestre, estou me habituando. Para alguns isso é muito tarde. Para mim não foi. Tive a sorte de não precisar ganhar dinheiro logo – agradeço aos meus pais por isso – e pude me dedicar à faculdade integralmente nos dois primeiros anos. Pude estudar francês e italiano nas minhas tardes. Pude estudar as matérias da faculdade direitinho para tirar boas notas. E também pude tirar umas sonecas, confesso, que eu nunca mais tirei na vida. Não me arrependo, nem tenho vergonha. Tenho consciência dos meus privilégios e acho que fiz bom uso deles durante esse pouco tempo.

Estagiei na Primeira Vara Cível do Fórum do Jabaquara, com um juiz absolutamente fantástico. O Dr. Nelson Jorge Junior é um professor nato. Me ensinava tudo, tintim por tintim, com uma paciência que só Deus compreende. Tinha uma filha da minha idade que estudava Direito no Mackenzie, por isso explicava as coisas com a atenção que era quase como de pai.

Permaneça num estágio onde você sente que cresce, que aprende e que é respeitado. Ser respeitado não é ganhar muito, não é te liberarem para férias às quais você não tem direito, não é ser mimado. Ser respeitado é fazer trabalhos condizentes com suas capacidades, é ter um chefe que se importe com seus estudos e suas notas e que não te faça trabalhar como um condenado, mas que te faça trabalhar como um bom estagiário, dentro ser respeitado é fazer trabalhos condizentes com suas capacidades, é ter um chefe que se importe com seus estudos e suas notas

do seu horário (podendo haver algumas leves variações).

Um escritório que não liga para suas provas e para a sua formação certamente não está pensando em te efetivar. E, se estiver, e mesmo assim achar que você pode estudar pouco ou fazer substitutiva sempre, certamente não é um escritório sério. Pense nisso. Onde você quer trabalhar? Com que tipo de gente? Com qual filosofia?

Não seja mimado, não espere que te tratem como te tratavam na escola. Tenha comprometimento, demonstre serviço, interesse e boa vontade. Seja educado, vista-se adequadamente – não estou falando de marcas, estou falando de respeito pelo ambiente. Mas não engula sapo, seja firme quanto à importância dos seus estudos e quanto ao respeito que exige, não deixe irem longe demais com você.

Um estágio pode ser sua maior sorte, como foi no meu caso, ou seu maior tropeço. Fique atento e seja crítico porque ninguém fará isso por você. E não se esqueça que, antes de tudo, você é um estudante. Essa é sua obrigação mais importante, pelo menos por enquanto.

Sobre a vida de estagiário e sobre a importância de valorizarmos a experiência – e não apenas a juventude –, sugerimos:

> *Os Estagiários*, com Owen Wilson e Vince Vaughn – 2013 – Direção: Shawn Levy – 2h

Com problemas financeiros, dois amigos na faixa dos 40 anos se candidatam para estagiar no Google. Os dois têm que lidar com a diferença de idade em relação aos demais competidores e se reinventar.

ALTOS E BAIXOS

FALANDO SÉRIO

Toda atividade que desempenhamos na nossa vida reserva-nos momentos de alegria, mas também momentos de tristeza, apreensão e desânimo. E com nosso curso universitário não será diferente. Haverá dias em que as aulas serão ótimas, assim como a convivência com os colegas, funcionários da faculdade e com os professores. Outros dias haverá, contudo, que teremos de enfrentar situações desagradáveis, tanto fora da faculdade, mas que nos influenciarão no ambiente escolar, como dentro da escola, com as demais pessoas.

Assim sendo, diante da real possibilidade de mudança de humor, que interfere na capacidade de bem decidir, como em todas as atividades que exercemos, nos dias em que estivermos "para baixo", convém não tomar atitudes sérias, sob pena de arrependimento posterior. E o mesmo pode ser dito com relação aos dias de "euforia", nos quais também não será recomendado resolver problemas mais sérios.

Devemos deixar passar os momentos de "altos e baixos", buscando evitar o conflito e nos afastando de discussões mais acaloradas, deixando as decisões para o momento seguinte, quando a razão prevalecerá sobre a emoção e, deste modo, tomaremos as decisões sensatas e acertadas.

Exemplificando, suponhamos que você seja vítima de uma acusação, por exemplo, de "cola" numa prova. Se a acusação for procedente, não há o que fazer, além de sofrer as consequências pelo ato ilícito. E, de preferência, não repetir o erro.

Mas se a acusação for injusta, porque na verdade você não estava "colando", e o professor louvou-se em informação errada de terceiros, certamente a sua reação será de raiva, diante da injustiça, e a vontade será de resolver tudo naquele momento, discutindo com a professora ou com o professor, e eventualmente com outros alunos. Tudo caminha para uma reação exagerada, que te levará a proferir ofensas até desproporcionais à agressão, que não se justificam, e que não poderá depois reparar.

Neste caso, o ideal é reagir sim, mas moderadamente, e mostrar indignação pela acusação indevida, mas deixar que o professor tome a atitude que entender necessária. Em outro momento, dias depois, procure o professor para explicar o que ocorreu e, mesmo acatando a decisão injusta dele, demonstrar que foi vítima de injustiça.

Garanto que na próxima prova, se ele ficar em dúvida entre lhe dar nota quatro ou nota seis, dará nota seis, como forma de reparar aquele erro. Se você brigar com ele e o ofender, na próxima prova é provável que ele lhe dê nota três...

E este exemplo vai te servir durante toda a vida profissional, quando for juiz(a), advogado(a), promotor(a), defensor(a) ou procurador(a). A reação desmedida não tem

> **devemos deixar passar os momentos de "altos e baixos", buscando evitar o conflito e nos afastando de discussões mais acaloradas, deixando as decisões para o momento seguinte, quando a razão prevalecerá sobre a emoção e, deste modo, tomaremos as decisões sensatas e acertadas**

conserto, enquanto que o protesto no momento (que evita a alegação de que concordou com o ato praticado), permitirá lá na frente colocar as coisas em seus devidos lugares.

Os altos e baixos são uma constante na vida da gente, mas felizmente vão se alternando, embora possam dar a sensação de que não acabam mais. Cabe a cada um de nós cuidar para que tenhamos mais momentos de normalidade e "altos", a fim de que a vida seja melhor.

FALANDO
menos SÉRIO

É inevitável: em alguns dias vai dar vontade de jogar tudo para o alto. Vai parecer que aquela porcaria daquele curso não faz sentido nenhum, que não era nada daquilo que você queria e que a única solução é jogar tudo para cima e fugir desgovernado rumo a qualquer outra coisa.

Eu lembro bem, comigo isso aconteceu no meio do segundo ano de faculdade. Era uma sexta à noite e eu, em casa, tive uma crise de choro e dizia "não faz sentido, não faz sentido, esse curso não faz sentido pra mim". Meus pais disseram para eu me acalmar e esperar mais um pouco. E eu me acalmei. E tudo ficou bem de novo. Hoje, dou graças a Deus – e a eles – por não ter largado tudo.

Sim, vai bater desânimo, cansaço, bode. Vai ter matéria que você vai detestar, professor com quem você não se dá bem, colegas desagradáveis, prova com nota baixa, estágio desgastante. Vai. Mas foi o que

se o tempo passar e você continuar se sentindo infeliz ou desencontrado, talvez seja o caso de repensar o caminho

eu disse, o tempo de escola e da farinha láctea acabou. E a fase da liberdade e da cerveja acabam por ter esse custo agregado.

É preciso manter o foco nas coisas boas, nas matérias que você gosta, nos amigos, no croissant de frango com catupiry, no açaí com banana e granola que vendem na lanchonete da faculdade. Aguente as pontas, vai valer a pena lá na frente. Mas eu entendo que canse.

Todavia, se o tempo passar e você continuar se sentindo infeliz ou desencontrado, talvez seja o caso de repensar o caminho. Se estiverem faltando dois ou três semestres para acabar, eu diria para aguentar as pontas, pegar o diploma e pensar num rumo novo. Mas se ainda faltar muito e você estiver certo de que não é isso que quer, talvez seja mesmo o caso de pensar num outro caminho.

Só não decida nada no calor da emoção, nem com três doses de Jurupinga na cabeça. Espere, pense, converse, coloque na balança, tome um Engov. Nada na vida é assim, tão definitivo. Tenha calma, dialogue, pense bem. De uma forma ou de outra as coisas acabam dando certo.

APROVEITANDO COLEGAS VETERANOS

FALANDO SÉRIO

Uma das oportunidades que a faculdade nos oferece é de aprender com os colegas que estão cursando os anos a nossa frente, pois já foram alunos dos nossos atuais professores, e podem nos orientar quanto à metodologia adotada, ao rigor nas aulas e provas e ao comportamento com os alunos, de modo a aprendermos a abordá-los quando necessário.

Esta pesquisa sobre os professores deve ser feita com os veteranos mais próximos e que são amigos, pois estes certamente darão as informações seguras, sem vaidade e sem o objetivo de autopromoção. Portanto, devemos no primeiro semestre buscar informações com colegas que já conhecíamos, ou que são amigos de nossos amigos e que, por isso, inspiram confiança nas informações que darão, mesmo porque estando no curso há poucas semanas, ainda não tivemos tempo de fazer novas amizades.

Mas do segundo semestre em diante certamente teremos colegas mais próximas ou mais próximos e, portanto, será mais fácil obter o perfil do futuro professor ou professora, diretamente ou através de outros conhecidos.

> a orientação de um colega veterano é sempre útil na escolha da matéria quando é optativa, na orientação sobre o professor, além de contribuir para que desde logo se inicie na área em que fará sucesso na profissão

É importante lembrar que quando determinada matéria é lecionada por mais de um professor, nem sempre você terá a sorte de que aquela ou aquele que você preferiria dê aulas para sua classe, o que depende da confecção de horário, além de outros compromissos do mestre. Isso não pode se tornar um obstáculo a que cursemos aquela matéria e a que tenhamos um bom aproveitamento. Surge aí a oportunidade de procurar um veterano conhecido e pedir-lhe informações sobre aquela professora ou professor.

Lembre-se de que aprender o conteúdo ministrado e ter um bom aproveitamento é algo importante para nós e para nosso currículo. Não simpatizar com a professora ou com o professor, e por isso não estudar direito para a prova, só trará prejuízo para você e não para ela ou ele. Não é uma forma eficiente de vingança...

É verdade que quanto maior a sua afinidade com o professor, maior será seu estímulo para estudar e melhor será o aproveitamento, e vice-versa. Normalmente, o estudante decide especializar-se naquela área do Direito em que teve melhor aproveitamento, o que está normalmente relacionado com a empatia com a professora ou professor.

Mas em muitos casos a aparente antipatia com o tempo muda de figura. E também ocorre de o aluno dirigir-se a uma área jurídica em que não teve as melhores notas no curso, mas a que as circunstâncias o levaram. E na atividade prática começa a conhecer melhor aquele conteúdo, passa a ter um bom relacionamento com os outros profissionais, o que faz com que mude totalmente de perspectiva.

Não obstante o que acabamos de dizer, a orientação de um colega veterano é sempre útil na escolha da matéria quando é optativa, na orientação sobre o professor, além de contribuir para que desde logo se inicie na área em que fará sucesso na profissão.

FALANDO
menos SÉRIO

Eu, assim que entrei na faculdade, tive uma baita sorte. Essa sorte se chamava Ju. A Ju era minha colega de Aliança Francesa, ali na Avenida Santo Amaro. Quando eu entrei na PUC, ela estava no quarto ano e, além da amizade e das maravilhosas caronas que ela me dava no Peugeotzinho vermelho, aproveitei um milhão de informações e conselhos.

> só aluno entende aluno

Isso porque só aluno entende aluno. Meu pai era professor na faculdade quando eu entrei na PUC (graças a Deus, só tive aula com ele no mestrado, quando já estava mais madura e quando meus colegas já não xingavam o professor – pelo menos não na minha frente). Mas nenhum dos conselhos ou opiniões dele dialogava tão bem comigo quanto os da Ju. É diferente, não tem jeito.

Lembro de, no meu primeiro semestre, ouvi-la falar sobre prescrição, decadência, contribuição de melhoria, recurso ordinário, licitação, prisão preventiva, prevaricação e revelia. Ficava assombrada com o "infinito" conhecimento jurídico da Ju e custava a crer que eu, dali a 3 anos, pudesse estar com semelhante performance.

> e assim comecei a infernizar a coitada da Juliana. Ju, você teve aula com o fulano? Ju, você pegou essa optativa? Ju, por qual livro você estudou processo penal? Ju, me empresta a Teoria Pura do Direito do Kelsen?

E assim comecei a infernizar a coitada da Juliana. Ju, você teve aula com o fulano? Ju, você pegou essa optativa? Ju, por qual livro você estudou processo penal? Ju, me empresta a **Teoria Pura do Direito***, do Kelsen? Ju, o que é princípio da supremacia do interesse público?*

Se você não tiver uma Ju, procure. Fique amigo de alguém que esteja um, três, cinco semestres a sua frente. Essas pessoas valem ouro, por muitas razões. E, se você tiver a sorte de encontrar uma Ju querida e paciente que nem a minha, vocês ainda seguirão amigos mesmo uma década depois. Sorte minha.

INICIAÇÃO CIENTÍFICA: FAZER OU NÃO FAZER?

FALANDO SÉRIO

A participação em um trabalho de iniciação científica é sempre útil, além de ser, afinal, uma experiência muito rica na vida acadêmica e igualmente após o curso, como instrumental para a confecção de peças jurídicas.

Isso porque a elaboração de um projeto de iniciação científica, sob a orientação de um professor da faculdade, dá aos alunos a experiência de escolher e identificar seu objeto de pesquisa, que é o tema a ser pesquisado, além de ensinar o caminho a seguir na pesquisa, com a finalidade de conduzir o trabalho apoiado nos fundamentos constantes do projeto, permitindo uma sólida conclusão, baseada em premissas verdadeiras.

Trata-se este momento da vida universitária de uma importante preparação para nossa vida profissional, principalmente no âmbito da atividade jurídica, já que mesmo os alunos que no futuro dediquem-se a outras áreas terão sempre fundamentos para futuras pesquisas e realização de trabalhos profissionais.

> a elaboração de um projeto de iniciação científica, sob a orientação de um professor da faculdade, dá aos alunos a experiência de escolher e identificar seu objeto de pesquisa

Aos estudantes de Direito, na vida prática, a realização de um trabalho de iniciação científica proporcionará o aprendizado sobre a realização de um trabalho científico, que, afinal, será o dia a dia nos vários setores da atividade jurídica, já que as peças processuais e os arrazoados jurídicos reclamam sempre fundamentação sólida para a sustentação da tese a ser defendida.

É importante lembrar, ainda, na vida acadêmica, que o projeto de iniciação científica facilitará a realização futura do trabalho de conclusão do curso (TCC), bem como do futuro trabalho de conclusão de curso de especialização, da dissertação de mestrado, da tese de doutorado e da tese de livre-docência, que são os trabalhos necessários para a carreira docente.

Além deste aspecto teórico, a iniciação científica possibilita a convivência do aluno com seu orientador, com os demais colegas, aproximando-o da pesquisa bibliográfica, além da possibilidade de pesquisa de campo como fonte de dados e informações para o trabalho a desenvolver.

Não há dúvida, portanto, da conveniência e importância desta experiência, que possibilitará, ainda, para os melhores trabalhos apresentados e avaliados, representar sua faculdade em certames nacionais e internacionais, o que, à evidência, credenciará o autor e seu orientador para novos avanços acadêmicos.

Há agências de fomento à pesquisa científica que fornecem bolsas de pesquisa para estimular a produção científica desde a graduação. Além da CAPES, os estados também possuem suas agências próprias, como é o caso da FAPESP em São Paulo, e muitas instituições de ensino também tem recursos destinados a isso. Além do benefício financeiro, é um importante destaque no currículo do estudante.

> a iniciação científica possibilita a convivência do aluno com seu orientador, com os demais colegas, aproximando-o da pesquisa bibliográfica

FALANDO
menos SÉRIO

Me deu trabalho do cão essa brincadeira de fazer iniciação científica, viu? Entrei meio sem saber o que vinha pela frente e, sinceramente, não se pode dizer que seja algo que se faça com o pé nas costas. Ainda bem. Entendi logo que o meio acadêmico não é palhaçada.

Não me arrependo nem um pouco, muito pelo contrário. No entanto, fiz uma besteira: deixei a iniciação para o período quarto/quinto ano, o que não foi propriamente uma ideia brilhante. Seria melhor ter feito mais cedo, para não encavalar com prova da OAB e com TCC. Esse é um ponto importante.

Fora isso, foi uma experiência superimportante para mim. Aprendi a pesquisar melhor, a redigir, a fazer meu currículo na plataforma Lattes, a lidar com prazos rígidos perante o Ministério da Educação. Enfim, amadureci em termos acadêmicos, o que é exatamente o objetivo da iniciação.

Depois dela, redigir o TCC (assim como as monografias da pós, a dissertação de mestrado, e agora a tese do doutorado) não foi um choque tão grande. Eu já sabia pesquisar, me organizar e construir minhas ideias ao longo das páginas. Obviamente, até hoje encontro grandes desafios pelo caminho, mas a iniciação realmente me colocou para dentro do jogo.

Em termos de currículo, acho que ela realmente tem peso. Para um processo seletivo de mestrado ou para ingressar num escritório de advocacia sério e de qualidade, a iniciação científica é um grande diferencial,

> para um processo seletivo de mestrado ou para ingressar num escritório de advocacia sério e de qualidade, a iniciação científica é um grande diferencial, que demonstra que você era alguém aplicado desde os tempos de graduação

que demonstra que você era alguém aplicado desde os tempos de graduação – o que, convenhamos, está cada vez mais raro de encontrar. Aproveite isso.

Você pode encontrar mil desculpas: "ai, mas eu tenho meu estágio", "ai, mas eu já tenho que estudar muito", "ai, mas eu já faço parte do centro acadêmico", "ai, mas eu toco na bateria da atlética". Não importa. Quem quer, encontra tempo. Sobretudo quando a gente é novo, não tem casa para bancar, filho para criar e tudo o mais. É a hora de investir no seu futuro, e a iniciação científica certamente é um belo investimento.

AS NOTAS, NO FIM DAS CONTAS, IMPORTAM?

FALANDO SÉRIO

Na opinião de alguns o importante é obter o diploma, sendo secundário o histórico escolar do aluno, que revela seu desempenho nas várias matérias, mostrando as notas obtidas. Eis aí uma meia verdade, pois não obstante o objetivo seja colar grau e obter o diploma, o desempenho do aluno ao longo do curso tem muita importância.

Assim, do ponto de vista acadêmico, ao se candidatar a uma bolsa de estudos na própria faculdade, ou em outra instituição nacional ou estrangeira, um dos critérios utilizados para aprovação e classificação dos interessados é o desempenho escolar, que se expressa pelas notas obtidas ao longo do curso.

E como é óbvio, tem melhor colocação aquele que melhor desempenho apresentou ao longo do curso, o que demonstra que, no fim das contas, as notas importam.

Mas além disso, na concorrência externa, para uma vaga tanto de estagiário quanto de advogada ou advogado em escritórios que realizam processo de seleção dos candidatos, além do diploma de bacharel e inscrição na OAB para advogados, analisa-se o "curriculum" do ao se candidatar a uma bolsa de estudos na própria faculdade, ou em outra instituição nacional ou estrangeira, um dos critérios utilizados para aprovação e classificação dos interessados é o desempenho escolar candidato, que consiste nas atividades desenvolvidas durante o curso, como iniciação científica, TCC, participação em cursos, seminários e congressos, bem como o histórico escolar, para traçar o perfil do candidato e, em muitos casos, as melhores notas obtidas no curso são fator decisivo para a sua escolha para ocupar a vaga.

Eis, em síntese, as razões pelas quais a nosso ver as notas obtidas durante o curso importam e o melhor desempenho acadêmico é fator importante para o aluno e para o ex-aluno.

FALANDO
menos SÉRIO

Eu confesso que nunca liguei muito para as notas. Claro que eu gostava de tirar notas altas, mas isso era algo que eu fazia por mim mesma, não por razões externas. E tive, como quase todo mundo, minhas notas ruins. Sobretudo em Tributário, hahaha. Mas confesso que, nos tempos de faculdade, eu não fazia ideia de que as notas eram bem mais importantes do que eu imaginava.

O primeiro momento em que percebi que esse era um assunto que merecia mais atenção do que eu estava dando, foi na própria faculdade, quando, no momento de escolher as matérias optativas, descobri que, caso houvesse mais interessados do que vagas na turma, o critério de desempate seria a média de notas até então.

De repente, minhas notas se tornaram bem importantes.

Mas a questão principal veio alguns anos depois, quando me candidatei ao doutorado em Portugal. Eu não sabia, mas em Portugal, assim como em vários países da Europa, a média das suas notas na faculdade é o seu passaporte para a vida profissional e acadêmica.

Aqui (em Portugal) as notas vão de 0 a 20. O 20 é uma nota (praticamente) inexistente, nunca vi ninguém atingir esse número, pois eles julgam que isso seria a perfeição. O 19 é raríssimo, seria equivalente ao nosso 10 com louvor. E o 18, de um modo geral, assemelha-se muito ao nosso 10. Imagine como é difícil conseguir se formar com uma média 18, seria como tirar nosso 10 em todas as matérias, durante todos os anos. De um modo geral, uma média 16 já é vista como muito boa.

Quando fui me candidatar ao doutorado, pediram meu histórico escolar da graduação e do mestrado, para verem qual era minha média de notas em cada uma das fases. Confesso que fiquei com medo, pois não sabia bem o que eles encontrariam ali. Por sorte, as notas eram boas e eu fui admitida. Mas se eu tivesse passado na maioria das matérias batendo sempre na média (nota 5, 6 ou 7, dependendo da instituição), adaptando para o padrão europeu, isso significaria um 10, um 12 ou um 14, o que dificilmente me possibilitaria entrar no doutorado.

Por isso, meus queridos, estudem. Estudem e sejam simpáticos e educados com seus professores (não vamos nos esquecer que a correção das provas geralmente tem vários critérios subjetivos e que quando um professor simpatiza com o aluno, as correções costumam ser

a aprovação, às vezes, não é só o que interessa. Seja aprovado com uma nota bacana, sem paranoia mas com dedicação

igualmente mais simpáticas...). A aprovação, às vezes, não é só o que interessa. Seja aprovado com uma nota bacana, sem paranoia mas com dedicação.

"Universitários em fim de semestre", de Ruth Manus (Estadão)

JOGOS JURÍDICOS E FESTAS

FALANDO SÉRIO

Tema de grande interesse para as alunas e alunos do curso de Direito é a realização e participação tanto nos jogos jurídicos quanto nas festas promovidas pela Associação Atlética da Faculdade e pelo Centro Acadêmico. E é evidente que o interesse é grande, pois a maioria de nós gosta tanto de festa quanto de eventos esportivos.

Vamos falar um pouco sobre as festas promovidas pela Atlética e pelo Centro Acadêmico ("CA"). Elas são uma excelente oportunidade para o relacionamento amistoso, num momento de descontração e alegria. É claro que todo cuidado é pouco com os excessos, mas esta é uma preocupação constante, em todos os eventos sociais, sejam ou não promovidos pela faculdade.

Vamos deixar as recomendações a respeito do cuidado essencial com relação aos eventuais excessos com bebidas e outras questões relativas às festas, para os pais, que exaustivamente conversam com filhas e filhos, convivendo com as naturais preocupações a respeito, que são maiores do que temos nós professores e dirigentes das faculdades com nossas alunas e alunos.

Pensemos um instante na necessidade de os estudantes prestigiarem as festas, pois representam a

> **os jogos jurídicos constituem tradicional encontro entre as alunas e os alunos das faculdades de Direito**

possibilidade real tanto da Atlética quanto do Centro Acadêmico de obter fundos para suas atividades.

Estas instituições não têm receita própria, nem são subvencionadas pela Universidade, nem por qualquer outra instituição. Eventualmente, dependendo da atuação de seus dirigentes, conseguem obter alguma colaboração da própria instituição de ensino, de empresas, ou de escritórios de advocacia (de ex-alunos), a fim de realizarem um evento e economizar eventual sobra, após pagar as despesas havidas.

Deste modo, a fim de que, tanto a Atlética possa realizar treinos com vista à participação nos jogos jurídicos e transportar os atletas e o material necessário até um evento, como o "CA" possa realizar debates, seminários, congressos e demais atividades, com gastos referentes à local, infraestrutura, locomoção de convidados e outras despesas, são as arrecadações nas festas que constituem uma importante fonte de renda.

De outra parte, os jogos jurídicos constituem tradicional encontro entre as alunas e os alunos das faculdades de Direito que, além da disputa esportiva, que é sempre salutar e mantém a tradição da disputa saudável entre as diversas faculdades, possibilita o encontro e a troca de informações sobre a vida acadêmica em cada escola, enriquecendo nossos conhecimentos, valorizando o que cada instituição tem de bom, assim como auxiliando na identificação de aspectos que podem ser melhorados em cada faculdade.

Eis, em síntese, a importância da frequência às festas da faculdade e da participação e comparecimento aos jogos jurídicos, sempre com os cuidados necessários para evitar situações negativas, como atividades complementares à vida escolar, que contribuem para aprimorar nossa vida universitária.

FALANDO
menos SÉRIO

Por favor, não faça uma faculdade de Direito sem ir, pelo menos uma vez, aos jogos jurídicos. Acho que algumas das melhores lembranças da minha vida são desses jogos. Em virtude do princípio da dignidade da pessoa humana, melhor não colocar aqui o teor dessas lembranças, mas juro que vale muito a pena.

Sabemos que nem todas as faculdades participam dos jogos jurídicos, mas, mesmo que sua faculdade não vá competir, combine com alguns amigos e vá. Dá para aproveitar tudo, mesmo sem ter um time determinado para o qual torcer, mesmo sem ter a sua turma toda ali.

Os jogos são divertidos, a arena é maravilhosa, as festas são muito boas. Mas, cara, tenha bom senso. No meu ano, um menino morreu nos jurídicos por dirigir bêbado, e isso acabou com a festa de todo mundo. Não ache que não pode acontecer com você. Pode. Pode acontecer com todo mundo, inclusive com quem pega carona com quem bebeu. Isso é sério.

Não arranje briga, não perca a cabeça. Eu amei meus jogos jurídicos, bebi, dei risada, torci, passei mal. Mas sempre ficando num hotel em que desse para ir a pé para os lugares ou usando táxi. Naquela época nem tinha Uber, hoje é ainda mais fácil não fazer merda. Todo mundo tá vivo, na boa e se achando imortal até o dia em que vai lá e morre. Não faça isso, ok? Você deve ter pais, avós, irmãos, alguém que se preocupe. Pense neles.

Sinta a rivalidade entre as faculdades de um jeito legal. Tenho uma foto pisando num colete do Mackenzie que encontrei no

> os jogos são divertidos, a arena é maravilhosa, as festas são muito boas. Mas, cara, tenha bom senso

chão, mas também tenho mil fotos abraçando meus amigos do Mackenzie e da São Francisco. Leve as coisas com bom humor, divirta-se sem criar problema com ninguém.

Não tenho dúvidas de que vale a pena ir, se possível, todos os anos aos jogos jurídicos. Durante meus 5 anos de faculdade, eu fui 4 vezes aos jurídicos. Só não vale a pena se você não tiver bom senso. Aí, de fato, é melhor ficar em casa, seguro, estudando Direito Tributário e tomando café sem açúcar.

PROVA DA OAB

FALANDO SÉRIO

A obtenção do diploma da Faculdade de Direito dá ao aluno o título de bacharel em Ciências Jurídicas e Sociais. Aquele que é portador do diploma não se torna de imediato advogado, pois para tanto é necessário submeter-se à "prova da OAB" e dela sair vitorioso.

Desse modo, o exame da Ordem dos Advogados do Brasil é requisito necessário para o bacharel ingressar nos quadros da Ordem, inscrever-se como advogado e gozar das prerrogativas decorrentes de sua aprovação e inscrição.

O fundamento legal para que só os advogados inscritos na OAB possam exercer a profissão encontra-se no artigo 8º, IV, da Lei nº 8.906, de 4 de julho de 1994, conhecida como Estatuto da OAB, que afirma que para a inscrição como advogado é necessária a aprovação no Exame de Ordem.

E como fundamento constitucional a legitimar a existência do Exame de Ordem, dispõe a Constituição Federal no artigo 5º, XIII, "é livre o exercício de qualquer trabalho, ofício ou profissão, atendidas as qualificações profissionais que a lei estabelecer".

É importante lembrar que o advogado, em sua atividade privada, exerce uma função pública, já que atua na administração da justiça, como afirma o artigo 133 da Constituição Federal. Deste modo, diante da natureza de sua atividade, exatamente em defesa da sociedade, é necessário que a OAB exerça fiscalização sobre o ingresso e o exercício da profissão. O mesmo ocorre com outras profissões, como já referimos, que igualmente estão sob a fiscalização dos órgãos para tanto criados, como o Conselho de Medicina, o Conselho de Engenharia e Arquitetura e o Conselho de Odontologia, exemplificativamente.

Deste modo, todo aquele que desejar exercer a advocacia, tanto realizando audiências, quanto prestando consultoria, ou exercendo outra função privativa de advogado, necessita habilitar-se perante a Ordem dos Advogados do Brasil.

Não obstante, há muitos profissionais que são bacharéis em Direito e não exercem a advocacia, quer porque sua atividade não exige este requisito, quer porque a lei proíbe a advocacia concomitantemente com o exercício de outros cargos, como juiz ou promotor público, por exemplo. Neste último caso, o advogado, caso ingresse na Magistratura ou no Ministério Público, deverá desligar-se da OAB.

Atualmente, a prova do exame de OAB é composta por duas fases, sendo que, na primeira, a prova é composta das seguintes disciplinas: ética, filosofia do direito, direito constitucional, direitos humanos, direito internacional, direito tributário, direito administrativo, direito ambiental, direito civil, ECA, direito do consumidor, direito empresarial, processo civil, direito penal, processo penal, direito do trabalho, processo do trabalho, distribuídas em 80 questões alternativas. No ato da inscrição da prova, o candidato já opta qual será a área de sua segunda fase, podendo escolher entre direito civil, direito penal, direito do trabalho, direito constitucional, direito administrativo, direito empresarial e direito tributário. A segunda fase é composta de uma peça profissional, respondendo a uma questão prática narrada, bem como 4 questões dissertativas.

> **todo aquele que desejar exercer a advocacia, tanto realizando audiências, quanto prestando consultoria, ou exercendo outra função privativa de advogado, necessita habilitar-se perante a Ordem dos Advogados do Brasil**

Submetem-se ao exame da OAB, além dos alunos que concluíram o curso, aqueles que estão no último ano, sendo possível sua inscrição, ainda que sem o diploma de bacharel, após polêmica a respeito, que culminou pela decisão que autoriza alunos de último ano do curso de Direito a habilitarem-se perante a OAB.

O correto, a nosso ver, seria somente o bacharel que concluiu seu curso buscar a inscrição na OAB, prestando o exame respectivo. Isso porque aqueles que estão no último ano do curso devem dedicar-se às atividades acadêmicas e deixar para o momento oportuno os temas profissionais, concluindo o curso com o melhor aproveitamento.

Mas sabemos que os alunos de últimos anos das faculdades de Direito ingressam em departamentos jurídicos e em escritórios de advocacia na condição de estagiários e, além do interesse pessoal na inscrição junto à OAB o mais rápido possível, ainda sofrem certa pressão de alguns empregadores para que obtenham rapidamente a inscrição, a fim de poder praticar atos profissionais que são privativos de advogado.

Diante desta circunstância, o estudante deve ter claro qual o melhor procedimento a adotar, atendendo às exigências do seu ambiente de trabalho, mas jamais descuidando da atenção ao seu curso universitário.

FALANDO
menos SÉRIO

Em primeiro lugar: não invente que você "não precisa" de OAB. Mesmo que você ache que não precisa (porque só quer dar aula, porque quer trabalhar com consultivo, porque quer dançar balé ou porque quer ser professor de alemão), tire a carteira da Ordem. Você nunca sabe o dia de amanhã. Posso te garantir que é sempre melhor ter uma carteira de advogado do que não ter.

Em segundo lugar: não sacrifique seu quinto ano para passar na prova. Não faça um TCC porcaria, não tire notas miseráveis. Acabe sua faculdade com a dignidade que ela merece. Se achar que consegue conciliar as duas coisas, ok. Caso contrário, espere o ano acabar. Concordo com meu pai, o exame só deveria ser permitido aos que já se formaram, mas entendo que haja muita pressão para tentar assim que possível.

Em terceiro lugar: não preste a prova "por prestar", com aqueles discursos de "vou com o que sei". Se não for para estudar, não preste. Respeite a prova. Noventa por cento das pessoas que fazem isso estão jogando dinheiro no lixo e criando medos e bloqueios para si mesmas nas próximas tentativas. Só preste o exame quando sentir que pode se dedicar a ele.

Em quarto lugar: não adie a prova para sempre. Conheço muita gente que foi deixando para depois e nunca mais conseguiu passar. O fim do quinto ano é quando o conhecimento estará mais fresco na sua cabeça, depois as coisas vão se perdendo e vai ficando mais difícil passar. No início do quinto ano ainda te faltará

> **não invente que você "não precisa" de OAB. Mesmo que você ache que não precisa**

um ano inteiro de matéria, lembre-se disso também na hora de decidir quando prestar.

Em quinto lugar: se você levar a faculdade a sério durante os 5 anos, dificilmente a prova representará um grande problema para você. Sou partidária da seguinte fórmula: estudar com bons livros preparatórios para a primeira fase e fazer cursinho para a segunda. Mesmo que você tenha experiência na área, a segunda fase é cheia de macetes que a gente aprende no cursinho. Como dizia meu professor do cursinho para a segunda fase, "me dá um mês da sua vida e eu te dou uma carteirinha vermelha pra vida toda". E assim foi. Obrigada, André.

> respeite a prova, mas não tenha medo dela. Lembre-se de quantas provas você já encarou e passou

Em sexto lugar: pense bem na área que vai escolher para fazer a segunda fase. Eu trabalhei dois anos com Civil e prestei Trabalho. Por quê? Porque sabia que queria trabalhar com Direito do Trabalho e sabia o quanto ia investir em termos de dinheiro e esforço intelectual na matéria para fazer aquela prova. Foi uma decisão excelente, aprendi muito e foi superútil para mim. Não preste a matéria que, em tese, é a mais fácil. Preste a que faz mais sentido para você e para o seu futuro.

Em sétimo lugar: não se compare com os outros. Fulano passou de primeira. Várias pessoas da minha sala já passaram. A filha da dona Neusa foi aprovada com 9,5 na segunda fase. Danem-se eles. Mantenha o foco na sua história. Cada um tem a sua trajetória, alguns ficam mais nervosos em provas, outros têm mais facilidade, alguns têm sorte, outros têm algum azar. Não importa. Faça o seu melhor e ponto.

Em oitavo lugar: respeite a prova, mas não tenha medo dela. Lembre-se de quantas provas você já encarou e passou. Não é um bicho de sete cabeças. Leve sua água fresquinha, uns chocolates e vamo que vamo. Vai dar tudo certo.

parte três
Depois do curso

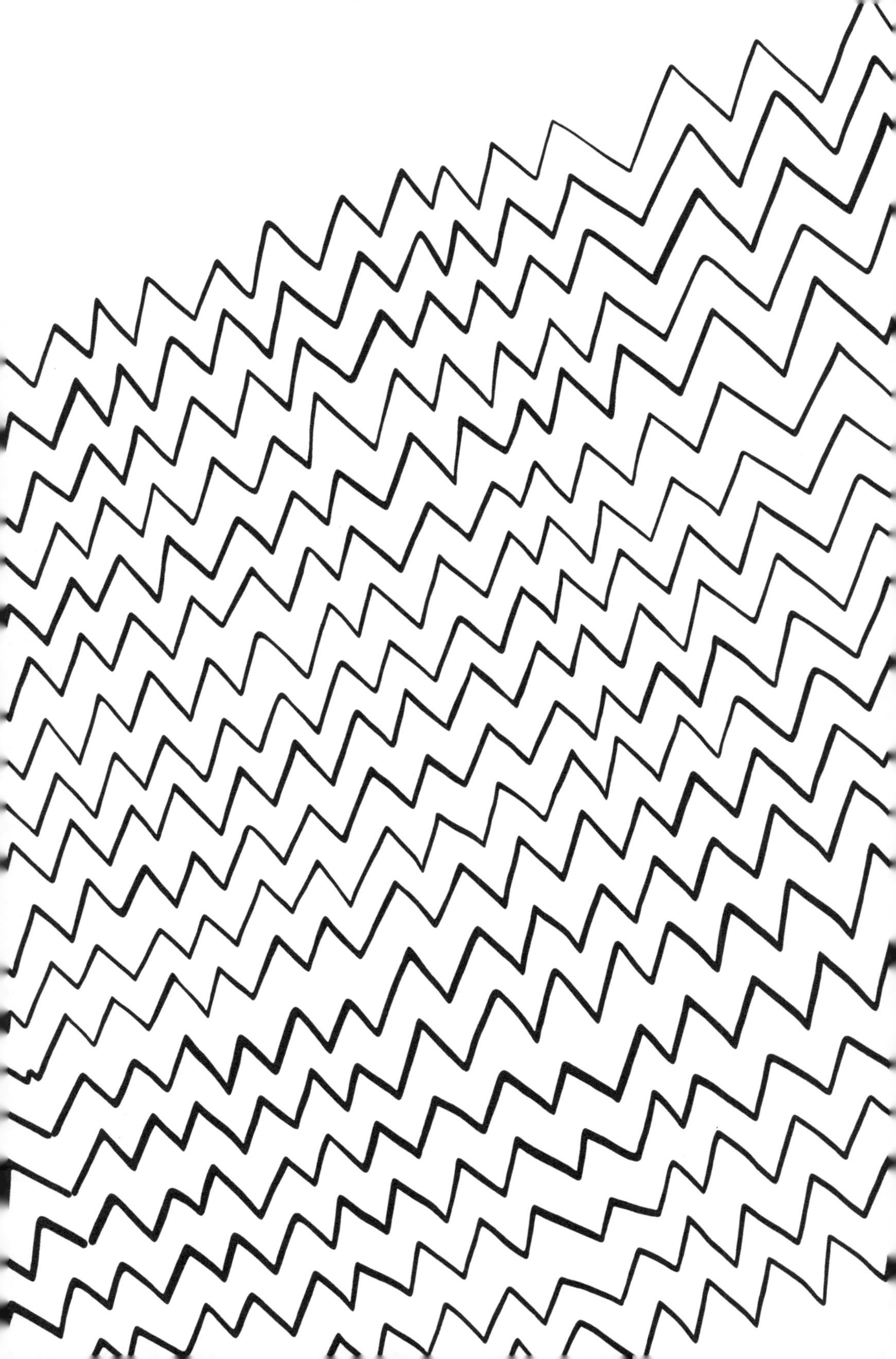

CARREIRAS

FALANDO SÉRIO

Já vimos que são muitas as opções profissionais que o curso de Direito oferece, podendo o aluno que conclui o curso escolher qual a carreira que pretenderá seguir.

Se você pretender ser juiz terá de aguardar três anos pelo menos para poder prestar o concurso, pois há nos vários ramos da Magistratura esta exigência de que o pretendente a uma vaga comprove o exercício de pelo menos três anos de atividade jurídica, o que constitui o mínimo de prática para o habilitar a ingressar na carreira.

E no que respeita à Magistratura, lembremos que no Brasil temos uma justiça estadual, que se ocupa basicamente das questões civis e criminais, e uma justiça federal, dividida em justiça federal comum, justiça do trabalho, justiça militar e justiça eleitoral.

Assim, o pretendente a um cargo na Magistratura deverá de início escolher qual ramo em que pretende ingressar, já que a administração da justiça estadual, da justiça federal comum, da justiça do trabalho e da justiça militar são independentes, havendo um concurso distinto para cada ramo.

Em seguida, deverá preparar-se adequadamente para o concurso e só prestar as provas quando tiver a convicção de que reúne condições para ser aprovado. Nada de fazer as provas "apenas para testar", pois isso de saída já faz o candidato perder a confiança em seu desempenho. E este conselho vale para todos os concursos profissionais que você vier a fazer.

Só se inscreva num concurso em que você realmente quer ser aprovado e fazer carreira. E jamais se inscreva em concurso cujo local de trabalho não seja do seu agrado, pois neste caso, além da dificuldade do próprio concurso, você terá outro obstáculo a superar, que será o dilema, se passar nas provas, de assumir ou não, porque o local de trabalho não te agrada. Lembre-se sempre de que o trabalho deve sempre ser motivo de satisfação e realização, daí por que não alimente situações desfavoráveis para você mesmo.

Mas, além da advocacia, que como vimos pode ser o denominado contencioso, que é a atuação do profissional junto aos tribunais, em audiências e sessões, e pode ser a advocacia administrativa ou consultiva, que é o trabalho de prevenção de problemas futuros e orientação aos clientes, e a Magistratura, que acabamos de ver, há muitas outras atividades profissionais possíveis.

> **nada de fazer as provas "apenas para testar", pois isso de saída já faz o candidato perder a confiança em seu desempenho. E este conselho vale para todos os concursos profissionais que você vier a fazer**

O Ministério Público é uma carreira muito importante e interessante, que apresenta amplo espectro de atuação. Já falamos do Ministério Público Estadual, que reúne os promotores públicos e procuradores de justiça e que atua nas questões de natureza civil, criminal, criança e adolescente, meio ambiente, além de outras áreas em que há necessidade de defesa do interesse da sociedade, que é a atividade atribuída aos seus integrantes. Há, como vimos, o Ministério

Público Federal, que se divide administrativamente em Ministério Público Federal, do Trabalho, Eleitoral e Militar, atuando junto à Justiça Federal em seus respectivos ramos.

Ademais, há a carreira dos Defensores Públicos, cujo acesso igualmente se dá por meio de concurso público e cuja atuação divide-se nos vários ramos do Direito, a fim de prestar assistência jurídica à sociedade.

A carreira policial também oferece oportunidade aos bacharéis em Direito, para o cargo de delegado de polícia, tanto na polícia civil estadual, quanto na polícia civil federal, que são carreiras independentes, acessíveis mediante concurso público de provas e títulos, fruto de concursos distintos e atribuições correlatas, mas diferentes entre si.

A defesa dos interesses da União, dos Estados, do Distrito Federal e dos Municípios dá-se pela atuação dos procuradores respectivos, atividade também acessível pela via do concurso público de provas e títulos, como as funções anteriormente referidas, havendo divisão interna de atribuições de acordo com os vários ramos jurídicos.

Não se esqueça da advocacia exercida pelos procuradores das empresas públicas, das autarquias e das sociedades de economia mista, que têm estrutura de empresas privadas, mas cujo acesso há de ser sempre por meio de concurso público, nos termos da lei, e que do mesmo modo possibilita a atuação da advogada ou do advogado nos vários setores da atividade jurídica, conforme a estrutura interna de cada instituição.

Afinal, é bom lembrar que um bacharel em Direito, advogado inscrito na OAB ou não, além de poder trabalhar em escritório de advocacia ou em departamento jurídico de empresa, pode vir a trabalhar em outros setores empresariais correlatos ao departamento jurídico,

> o curso de Direito nos habilita a desenvolver muitas atividades, direta ou indiretamente relacionadas com o Direito

mas distinto deste. Um exemplo é o departamento de recursos humanos da empresa, cuja atuação envolve o trato com o Direito do Trabalho, que regula as relações entre empresa e empregados, sendo necessários conhecimentos jurídicos para a atuação.

Além disso, temos a carreira acadêmica e a docência, que podem ser complementares a outra profissão ou podem ser uma carreira independente. Ser professor é um trabalho essencial, desafiante e, embora cansativo, sempre muito divertido e surpreendente.

Em síntese, o curso de Direito nos habilita a desenvolver muitas atividades, direta ou indiretamente relacionadas com o Direito, mas cuja ampla formação acadêmica que obtivemos nos possibilita bem desempenhar.

FALANDO
menos SÉRIO

Eu achava que ia ser promotora. Depois tive certeza de que seria juíza. Comecei a advogar meio sem rumo, até entender que eu não tenho perfil para qualquer atividade que me prenda. Tem gente que só se sente confortável com estabilidade, tem gente que fica em pânico quando se vê em uma vida excessivamente estável.

Antes de pensar na profissão que mais te atrai, tente entender seu perfil. Se seu sonho é viajar o mundo, fazer vários cursos fora e fazer da vida uma grande aventura, provavelmente não faz muito sentido prestar concurso público. Por outro lado, se você sonha com uma vida estável, salário certo no fim do mês e pés no chão, talvez advogar por conta própria vá te deixar inseguro.

antes de pensar na profissão que mais te atrai, tente entender seu perfil

Depois de entender o seu perfil, pense nos seus gostos. Sim, naquilo em que você acredita e que te dá prazer. Não dá para passar uma vida inteira "suportando" um emprego. Isso é triste demais. Não estou dizendo que domingo à noite eu diga "Aeeeee, amanhã é segundaaaaaa, que daoooooraaaaa". Nenhum trabalho é um parque de diversões, mas é importante que ir trabalhar não seja um tormento, e que seja, sim, uma rotina boa.

Dentre tantas possibilidades, o principal a fazer é não se angustiar. A vida também vai abrindo certas portas para nós. Acho que o maior erro é estabelecer uma meta e nunca repensá-la. A vida precisa de balanços constantes. Será que eu ainda sou a pessoa que fez esses planos? Talvez não seja.

Fico assustada com pessoas que se dizem "concurseiras", como se qualquer concurso fosse válido, independentemente do cargo, da vocação e da instituição. Quem tem perfil para defensor, dificilmente terá perfil para promotor. Quem tem perfil pra juiz, dificilmente terá perfil pra procurador. Mas as pessoas vão prestando qualquer coisa e, de repente, quando elas veem já estão inscritas em concurso para coveiro em Mogi das Cruzes ou pra agente penitenciário em Boiçucanga. Calma, né, gente?

Também me assusto com gente que entra para estagiar num escritório e começa a acreditar que aquilo ali é o centro do mundo, que nada pode ser mais importante e mais fantástico do que aquele escritório, iniciando um certo alpinismo doentio rumo ao topo daquela estrutura. Essa é uma coisa que se espalha cada vez mais. De repente, os donos do escritório já parecem

depois de entender o seu perfil, pense nos seus gostos. Sim, naquilo em que você acredita e que te dá prazer

mais importantes do que Deus na cabeça da pessoa. Não caiam nessa cilada.

Seja qual for a carreira, acho que o essencial é ser ponderado. Ver qualidades e defeitos, colocar as coisas na balança e tomar decisões. Nenhum emprego é o paraíso, mas nenhum emprego deve ser semelhante ao inferno. E nunca esqueça: não há dinheiro que seja capaz de pagar pela nossa saúde e pelas nossas noites de sono. Estabeleça suas prioridades.

"Os ridículos semideuses do mundo corporativo", de Ruth Manus

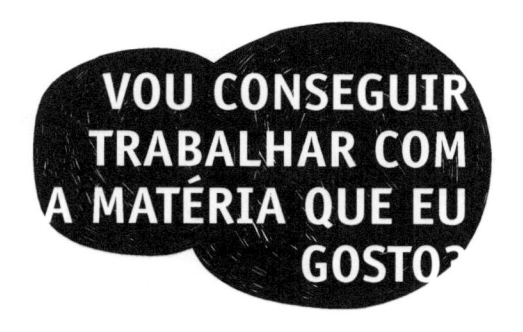

VOU CONSEGUIR TRABALHAR COM A MATÉRIA QUE EU GOSTO?

FALANDO SÉRIO

Eis aí uma questão interessante, pois envolve tanto as predileções que cada um de nós tem em relação ao curso de Direito, quanto as antipatias que aprendemos a desenvolver ao longo do curso, por exemplo, porque "não vamos com a cara do professor ou da professora". É compreensível que a gente não goste de certa matéria porque não nos sentimos cativados a estudá-la pela antipatia com o professor. Do mesmo modo que podemos ter uma grande afinidade com o professor ou com a professora, o que nos faz gostar muito daquela matéria, mas na prática venhamos a perceber que trabalhar naquela área não é exatamente o que nos agrada.

Assim, minha sugestão é procurar, ainda como estagiário, aproximar-se da atividade profissional nos vários segmentos do Direito, buscando contato com as várias áreas e experimentando a rotina de cada setor e a convivência com os colegas profissionais, para conhecer o conteúdo e as pessoas com as quais iremos trabalhar.

Eu assim fiz e tive alguma experiência com Direito Penal, Direito Previdenciário, Direito Comercial e Direito

> **minha sugestão é procurar, ainda como estagiário, aproximar-se da atividade profissional nos vários segmentos do Direito**

Tributário, para afinal descobrir que o Direito do Trabalho era a área que mais me agradava.

Isso me levou a fazer um curso de especialização em Roma, na Itália, logo que terminei o curso de graduação, estudando Direito do Trabalho e Direito Civil italianos, nos idos de 1974 e 1975, período em que estas áreas do Direito italiano estavam em alta, com muitas novidades e importantes acontecimentos. Ao retornar ao Brasil estava decidido que esta seria a área do Direito a que iria me dedicar, e assim fiz.

Após cinco anos trabalhando na assessoria jurídica trabalhista e auxiliando meu ex-professor de Direito do Trabalho da PUC-SP, Professor Doutor Cassio de Mesquita Barros Junior, fui aprovado no primeiro concurso público para Juiz do Trabalho substituto a que me submeti e passei os trinta e três anos subsequentes como Juiz do Trabalho substituto, Juiz do Trabalho titular da 14ª Junta de Conciliação e Julgamento de São Paulo, Desembargador do Tribunal Regional do Trabalho da 2ª Região, em São Paulo e, afinal, Ministro do Tribunal Superior do Trabalho, cargo no qual me aposentei.

Além disso, concomitantemente, como a Constituição Federal permite ao magistrado, exerci sempre o cargo de professor de Direito do Trabalho da PUC-SP, faculdade em que me formei e fui professor auxiliar de ensino, professor assistente mestre, professor assistente doutor, professor livre-docente e, afinal, professor titular de Direito do Trabalho.

Digo a você que eu consegui trabalhar com a matéria que eu gosto e se eu consegui você também conseguirá, bastando levar a sério seu objetivo e fazendo esforço para alcançar seu objetivo, tendo paciência e sabendo enfrentar com tranquilidade os problemas e eventuais percalços que a vida nos reserva, e que são grande fonte de aprendizado para todos nós.

Com toda lealdade e franqueza eu te digo que dá para ser pessoal e profissionalmente feliz em qualquer dessas profissões que o Direito nos proporciona. Acredite e não desanime!

FALANDO
menos SÉRIO

É claro que é mais fácil encontrar trabalho em algumas áreas do que em outras. Direito Civil/Direito de Família, Direito do Trabalho, Direito Penal são áreas nas quais é razoavelmente fácil se conseguir trabalhar. E que nem por isso são menos complexas ou concorridas, mas há, de fato, mais oportunidades. Por outro lado, há áreas como Direito Internacional, Direito Ambiental ou Direito Arbitral, nas quais há menos oferta de trabalho.

Mas tudo isso depende de você se dedicar e trilhar seu caminho. Fazer uma pós-graduação na área em que se gosta não é apenas positivo por causa do currículo e do conhecimento, mas também para fazer contatos e conhecer professores que trabalham com esses assuntos. Isso já faz toda diferença.

Por outro lado, é preciso saber que a prática é muito diferente da teoria. O fato de você gostar de uma determinada matéria na faculdade não quer dizer necessariamente que você vá gostar de trabalhar com ela no dia a dia. Uma coisa é uma coisa e outra coisa é outra coisa. E, quando as pessoas

> **o fato de você gostar de uma determinada matéria na faculdade não quer dizer necessariamente que você vá gostar de trabalhar com ela no dia a dia**

não pensam nisso, a probabilidade de frustração com a carreira é muito grande.

Direito de Família é um bom exemplo. Trata-se de uma matéria que costuma despertar o interesse de quase todos nós, por estar presente diariamente nas nossas vidas. Mas trabalhar com Direito de Família pode ser extremamente desgastante e ter fortes impactos psicológicos nas pessoas. É preciso entender que livros e prática são duas coisas muito diferentes.

Seja como for, eu sempre retorno para a questão do esforço, do foco e da determinação. Se você quer uma coisa, dedique-se, tenha calma e perseverança. Como dizem por aí "work hard and be nice to people". Esta fórmula raramente costuma dar errado. É preciso ter calma e a consciência de que essas coisas não acontecem de uma hora para a outra. Planeje, organize, invista tempo e estudo. Uma hora a coisa vai.

TRABALHAR NO SETOR PÚBLICO OU PRIVADO?

FALANDO SÉRIO

Eis uma dúvida que pode não ser fácil de resolver. Isso porque o setor público oferece maior estabilidade no emprego do que o setor privado, o que, sob o aspecto da segurança pessoal e da nossa família, nos impulsiona a ter um cargo público. Por outro lado, o setor privado possibilita ao profissional uma perspectiva salarial mais atraente, mormente se o advogado for empregado e também desenvolver uma atividade paralela, como autônomo, o que resulta em melhores ganhos. Eis aí a dúvida que nos é colocada para opção.

Como disse há pouco, fui magistrado, prestando serviço no setor público e, embora tenha a opinião de que os juízes não são bem remunerados como deveriam ser, nunca tive problemas financeiros, pois sempre levei uma vida regrada e, paralelamente, como professor, tinha o salário da universidade, além de fazer palestras e ministrar cursos, o que compunha meu orçamento de forma satisfatória, sobretudo para sustentar três filhos. Assim, conjugando ambas as atividades, além de trabalhos extras, sempre pudemos, eu e minha mulher, dar um padrão de vida bom para nossa família, nunca tendo

> cada um deve buscar com afinco seu objetivo, para trabalhar na atividade que gosta, o que, afinal, é o mais importante, pois esta é a fonte de realização e felicidade

faltado nada, mas sempre preocupados com o exemplo de que temos de adequar o padrão de vida ao orçamento que temos, para viver tranquilos.

Este é um tema interessante, pois o curso de Direito, dentre as vantagens que oferece, como no meu caso, possibilita a todo profissional exercer uma ou mais atividades, o que soluciona este dilema da opção entre o setor público ou privado, permitindo, de forma constitucional e legal, ao juiz, ao promotor, ao delegado e aos demais profissionais, ter mais de uma atividade concomitante. Afinal, diga-se, do ponto de vista psicológico, ter mais de uma atividade auxilia nosso humor, pois quando um ambiente está cansativo o outro compensa...

Veja, contudo, que este é o exemplo de vida que adotei, o que não significa que seja o melhor ou mesmo o adequado para todos. Posso dizer, porém, que conjugar uma atividade pública e outra privada é comum no meio universitário, povoado por advogados, promotores, juízes, procuradores e defensores públicos, que também são professores. Não obstante, há outros colegas que vivem exclusivamente do magistério universitário, lecionando em várias instituições, com um padrão de vida satisfatório.

Em síntese, é importante ter em mente que optar pelas carreiras jurídicas frequentemente significa almejar uma atividade profissional e intelectual apaixonante, mas abdicar do objetivo de se tornar uma pessoa de grandes posses. O profissional do Direito, em regra, não será rico, mas terá um padrão de vida bom. Excepcionalmente alguns advogados têm a sorte, pelas vicissitudes profissionais, de ganhar bastante dinheiro, destacando-se da média, mas sem descuidar do necessário padrão ético e técnico. E, como tudo na vida, alguns profissionais, ainda que trabalhando com afinco, não logram alcançar uma situação financeira confortável.

Para resumir, a opção entre trabalhar no setor público ou na atividade privada significa privilegiar a nossa vocação profissional e a atividade que nos estimula, o que pode nos levar a desenvolver mais de uma atividade, como vimos.

Cada um de nós tem vocação para uma ou algumas atividades e não tem vocação para outras. É preciso identificar qual a nossa vocação, o que passa pela experiência e observação das diversas atividades jurídicas. Ademais, cada um deve buscar com afinco seu objetivo, para trabalhar na atividade que gosta, o que, afinal, é o mais importante, pois esta é a fonte de realização e felicidade.

FALANDO
menos SÉRIO

Como eu já mencionei, antes de tentar traçar seu destino profissional, você precisa conhecer a si mesmo. Precisa entender que tipo de vida você quer levar e quais serão suas prioridades. Essa não é uma tarefa fácil para quem tem vinte e poucos anos. Tampouco é uma tarefa fácil para quem tem 30 ou 40 ou 50. Sempre teremos um monte de dúvidas nos rondando.

Por isso, acho que um dos melhores conselhos que já recebi foi "sempre deixe algumas portas abertas". Não faça planos e mais planos para a sua vida, imaginando que você sempre será essa pessoa que é

não faça planos e mais planos para a sua vida, imaginando que você sempre será essa pessoa que é agora

agora. Deixe espaço para que você possa se movimentar, mudar de ideia, mudar de caminho.

Como meu pai mencionou, alguém concursado sempre terá mais estabilidade financeira, o que normalmente também acarreta mais estabilidade emocional. Se isso for uma prioridade para você, o setor público acaba sendo bastante atraente.

Por outro lado, uma certa instabilidade que pode haver no setor privado, sobretudo se você pensar em ser um profissional liberal, acaba sendo compensada algumas vezes por salários maiores, outras vezes por mais liberdade. Tudo depende de identificar aquilo que você preza mais.

Mas nada disso é capaz de calar certas paixões. Se o seu sonho for ser juiz, talvez valha a pena encarar os anos de estudo e uma carreira mais "engessada". Se seu sonho for ser um advogado que escolhe cada causa na qual advoga, trabalhando única e exclusivamente naquilo que acredita, talvez valha a pena encarar as oscilações de renda em cada mês.

Enfim, não há certo ou errado, assim como não há como dizer que essa ou aquela seja a melhor decisão. Cada caso é um caso e a única pessoa que pode vislumbrar minimamente o que pode te trazer felicidade é você mesmo. Então não deixe isso para depois, não vá vivendo, trabalhando de qualquer jeito e tomando rumos sem refletir. Como dizia o papel de parede do meu computador quando eu trabalhava no Fórum do Jabaquara, **"não há ventos favoráveis para quem não sabe aonde vai"** *(dizem que a frase é do Sêneca, mas, sabe como é, né, pode ser Clarice Lispector, Freud ou Tati Quebra Barraco, nunca temos certeza).*

SER PROFISSIONAL LIBERAL OU ADVOGADO EMPREGADO?

FALANDO SÉRIO

Outra questão interessante a considerar, para quem se dedicar à advocacia, é a escolha entre ser advogado sócio de um escritório, ou ser advogado empregado.

É preciso voltar um pouco no tempo para lembrar que originariamente a advocacia era uma atividade essencialmente autônoma, de tal modo que a pessoa concluía o curso de Direito e "colocava uma banca de advocacia", o que significa hoje abrir um escritório. Assim, por muito tempo não se cogitava de advogar e ser empregado, ocorrendo o mesmo com as demais profissões ditas liberais, como médicos, engenheiros, dentistas, arquitetos, que sempre trabalharam com autonomia, de forma independente, ou prestando seus serviços junto a outros profissionais da mesma área.

Com o passar dos tempos e a mudança das relações de trabalho entre nós, começaram a crescer os escritórios de advocacia, com acúmulo de feitos sob seu patrocínio em razão do grande número de clientes, passando a ser necessário o concurso de outros advogados, a fim de dar bom atendimento a todos os processos em andamento.

Assim, quando admitidos advogados para trabalhar exclusivamente com os processos do escritório, subordinados estes profissionais aos sócios, criou-se a figura do advogado empregado, a exemplo do que ocorreu em outras áreas acima referidas.

É importante lembrar, porque assim determina a Lei nº 8.906, de 04 de julho de 1994, que é o Estatuto da Ordem dos Advogados do Brasil, que há regulamentação tanto para a sociedade de advogados quanto para o advogado empregado (artigos 18 a 21 da Lei nº 8.906/1994).

Ademais, existe a figura do advogado associado, que não é sócio do escritório com o qual desenvolve atividade profissional, mas também não presta serviços subordinados, e, portanto, não pode ser considerado empregado. Sua previsão legal e regulamentação encontra-se no Provimento nº 169/2015 da Ordem dos Advogados do Brasil, com base no artigo 39 do Regulamento Geral da Lei nº 8.906/1994.

Sequer seria necessária a previsão legal para distinguir o advogado associado do advogado empregado, pois enquanto este último presta serviços com subordinação hierárquica ao empregador, que é o escritório, requisito essencial à condição de empregado, o associado presta serviços com autonomia. Eis por que é incorreto afirmar que todos os advogados prestadores seriam associados, tanto quanto afirmar que todos seriam empregados, sendo necessário examinar a existência ou não de subordinação hierárquica no desenvolvimento do trabalho.

Assim, optar por ser advogado empregado em escritório ou em departamento jurídico empresarial significa não assumir os riscos da atividade de empregador, nem os encargos da gerência do escritório, com todos os encargos daí advindos. Não obstante, sendo empregado receberá um salário, que pode ser fixo ou variável segundo

> há regulamentação tanto para a sociedade de advogados quanto para o advogado empregado (artigos 18 a 21 da Lei nº 8.906/1994)

o que for contratado, mas que determinará um status financeiro mais modesto do que aquele de que desfruta o empregador.

De outra parte, pode o advogado preferir trabalhar como associado, ajustando valores percentuais sobre o trabalho desenvolvido, com a possibilidade de prestar serviços a mais de um escritório, o que permite uma atividade mais diversificada.

FALANDO menos SÉRIO

Eu me lembro de que quando era estagiária, não achava que a minha vida era lá muito sossegada. Acordava às 6 para ir para a faculdade, saía meio-dia e meia, cruzava a cidade, almoçava correndo, entrava no estágio às 14, ficava lá até umas 18h30, chegava em casa no início da noite e ainda tinha que estudar, fazer os trabalhos, tentar ir na academia, tentar conversar com meus pais. Tinha consciência de que muitos dos meus amigos trabalhavam bem mais, outros moravam bem mais longe, outros tinham que cuidar da própria casa. Eu sabia que tinha sorte. Nem por isso deixava de estar exausta.

Nessa época, sonhava com o dia em que eu fosse dona dos meus horários, com o momento da vida em que eu mesma organizaria o meu trabalho, minha agenda, meus planos. Se eu não quisesse trabalhar na sexta-feira, não trabalharia. Se eu estivesse a fim de almoçar com um amigo em plena terça-feira, almoçaria. Parecia a visão do paraíso.

Pois é. Hoje eu tenho tudo isso, mas não é bem como eu imaginava. Primeiro precisamos lembrar que você pode ser advogado empregado dentro de uma empresa ou escritório, bem como pode ser um advogado que atua sozinho, por conta própria, mas que você também pode ser um advogado que se associa a alguns colegas e cria o seu próprio escritório com seus sócios.

Sou sócia do meu pai e isso é maravilhoso. Nos damos bem, eu aprendo muito com ele e tenho a consciência de que a maioria das portas que se abrem para nós são fruto do nome que ele construiu. Por outro lado, a liberdade tem um preço alto. Não sou apenas uma advogada. Sou alguém que também administra uma estrutura. Alguém que fala com o contador, com a gráfica, com o cliente, com o sócio, com tudo e todos. Posso não trabalhar numa sexta-feira? Certamente. Mas na segunda todo o trabalho estará me esperando. Ninguém solucionará nada por mim.

As preocupações são várias. São muito maiores do que seriam se eu fosse advogada empregada de um escritório. Quem tem um escritório ou atua por conta própria, não tem sossego. Finais de semana não são bem finais de semana. Férias não são bem férias. Feriado frequentemente não é feriado.

Não quero dizer, necessariamente, que eu trabalhe mais do que alguém que é empregado. Mas certamente me preocupo com dezenas de questões que nem passam pela cabeça de quem trabalha dentro de uma estrutura: o aluguel do escritório, a moça da limpeza que não veio, o plano de internet, o pagamento dos tributos, o pagamento do escritório de contabilidade, o servidor dos e-mails institucionais... Enfim. Sou mais livre? Sou. Tenho mais fantasmas na cabeça? Tenho. Mudaria minha situação atual? Não. Cada escolha, uma renúncia, isso é a vida, *como já diria o Chorão.*

> a liberdade tem um preço alto. Não sou apenas uma advogada. Sou alguém que também administra uma estrutura

INVESTIR NA VIDA ACADÊMICA

FALANDO SÉRIO

Antigamente no Brasil bastava a obtenção do título de bacharel em Direito para que a pessoa tivesse sensível destaque na sociedade, pois a obtenção do diploma universitário era uma exceção. Mas, com o passar do tempo e a sofisticação da nossa sociedade, houve enorme proliferação dos cursos universitários no país, chegando o Brasil hoje ao surpreendente número de faculdades de Direito que ultrapassa a casa dos mil cursos.

Sabemos que com este número absurdo de faculdades, muitas delas, infelizmente, oferecem cursos de padrão acadêmico muito aquém do desejado, mas os diplomas reconhecidos pelo Ministério da Educação têm o mesmo valor formal. É verdade que há, em razão deste fato, uma predileção por parte dos escritórios de advocacia e departamentos jurídicos de empresas pelos profissionais formados em determinadas faculdades, reconhecidas como de melhor nível – o que não quer dizer que esses alunos sejam melhores do que os outros na prática.

Ainda que assim seja, a concorrência é muito grande, pois há muitos cursos de Direito com ótimo padrão de

> muitos profissionais dedicam-se à vida acadêmica como forma não só de complementar sua atividade profissional, mas com o objetivo de aprofundar seus conhecimentos

ensino, surgindo a necessidade ao profissional de obtenção de outra qualificação formal que o diferencie da maioria. Eis aí uma das razões da necessidade da obtenção de diploma de especialização ou pós-graduação, de que trataremos com vagar mais adiante.

Ademais, muitos profissionais dedicam-se à vida acadêmica como forma não só de complementar sua atividade profissional, mas com o objetivo de aprofundar seus conhecimentos.

Houve um tempo em que os tribunais judiciais criticavam os juízes que se dedicavam à carreira universitária paralelamente, como se esta conduta fosse um "desvio" da atividade jurisdicional, mesmo que a Constituição Federal garantisse ao magistrado e à magistrada exercer um cargo no magistério superior afim a sua atividade jurisdicional.

Felizmente, esta época de obscurantismo já passou e quem foi alvo deste preconceito, como eu, sobreviveu, ainda porque hoje o Conselho Superior da Magistratura enaltece a formação intelectual das juízas e dos juízes. Eis, portanto, um rápido quadro da oportunidade de investir na carreira acadêmica na atualidade.

Deve dedicar-se à vida acadêmica, em primeiro lugar, aquele que sente atração pela atividade que exige dedicação e que entre nós, ainda, não é muito bem remunerada, como ocorre nos países desenvolvidos, que reconhecem que o desenvolvimento só foi alcançado mercê da melhor escolarização que as pessoas obtiveram, daí por que a carreira acadêmica em tais países situa-se entre as mais bem remuneradas.

Não obstante, a vida acadêmica dá ao profissional um olhar distinto sobre o mundo do Direito daquele que obtemos por outra atividade profissional, seja como advogado, juiz, promotor, defensor, delegado ou procurador.

O contato com o meio universitário renova a visão do Direito, permite dar atenção mais ao conteúdo do que à forma e, em razão destes fatos, credencia o profissional a ter posição de vanguarda na outra atividade que desenvolve, daí por que há um processo recíproco de boas influências: o advogado-professor melhora sua performance como advogado e, em consequência, melhora também seu desempenho como professor.

> a vida acadêmica dá ao profissional um olhar distinto sobre o mundo do Direito daquele que obtemos por outra atividade profissional

FALANDO *menos* SÉRIO

Eu entrei na faculdade em 2007 e nunca mais saí. Fui da graduação para a pós, da pós para o mestrado, do mestrado para outra pós, da outra pós para outra pós, da terceira pós para o doutorado. Nunca saí da vida acadêmica e confesso que há dias em que eu me acho completamente louca por causa disso. Mas logo passa e eu volto a achar que foi uma boa decisão.

Primeiramente acho legal lembrar que não é preciso, necessariamente, querer ser professor para entrar na vida acadêmica. Pode-se querer apenas uma formação complementar ou pode-se desejar seguir na carreira de pesquisador e, eventualmente, doutrinador do Direito, sem necessariamente precisar dar aulas. E as carreiras de pesquisador e doutrinador são essenciais a toda ciência.

Mas sou suspeita quando o assunto "ser professor" esbarra em mim. Acho que

> não é preciso, necessariamente, querer ser professor para entrar na vida acadêmica

> **para dar aula, basta ter preparo, para ser professor é preciso uma dose de entrega**

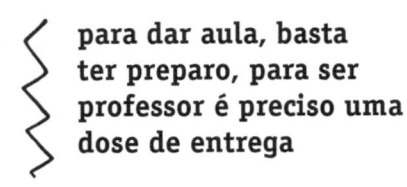

porque essa sempre foi uma das únicas certezas que tive ao longo da vida: ser professora. Todo o resto não sabia – e a maioria das coisas ainda não sei –, mas sabia que essa era uma carreira que eu queria sem pestanejar.

Acho honestamente que, para ser professor, é preciso ter uma certa vocação. Isso não quer dizer que várias pessoas não vocacionadas não possam dar aula. Aliás, dar aula e ser professor são duas coisas diferentes, na minha opinião. Para dar aula, basta ter preparo, para ser professor é preciso uma dose de entrega.

É possível dar aulas de vez em quando em cursos, eventos, congressos, sem grandes complicações. Mas para ser professor em sala de aula, com uma turma de alunos e com rotinas, é preciso outro tipo de dedicação. Não é simplesmente preparar a aula e ir. Há professores que trabalham assim, mas eu não acredito nisso.

Acho que quando optamos por ser professores, temos que nos envolver. Com o curso, com a faculdade, com a turma, com os alunos. Entrar na sala e vomitar conteúdo, para mim, não é ser professor. O professor não precisa ser amigo dos alunos, mas não pode se abster de se envolver com eles. E isso não é algo fácil, nem é para qualquer um. É preciso querer e é preciso gostar.

Ser professor é aprender todo dia, estudar todo dia e se cansar todo dia. E é lindo. Mas é preciso pensar bem. Quanto à vida acadêmica, recomendo para todo mundo, pelo menos durante um tempo. Todo bom profissional precisa de bases muito sólidas de conhecimento.

"Ser professor é um lance de amor", de Ruth Manus (Estadão)

FAZER MESTRADO OU ESPECIALIZAÇÃO?

FALANDO SÉRIO

Como dissemos acima, hoje em dia recomenda-se que a advogada e o advogado dediquem-se a especializar seus conhecimentos, de modo a que se credenciem melhor no mercado de trabalho, além de solidificar seus conhecimentos jurídicos.

A opção entre fazer um curso de especialização, também denominado pós-graduação "lato sensu" ou "MBA/LLM" ou ingressar no programa de pós-graduação "stricto sensu", cursando o programa de mestrado, depende do objetivo do futuro aluno, que tanto pode ser o de se credenciar melhor no mercado de trabalho, obtendo um diploma que o diferencie dos demais, quanto pode ser a intenção de aprofundar seus conhecimentos jurídicos para dedicar-se à pesquisa ou ao magistério acadêmico.

Os cursos de especialização em Direito, como regra, têm como objetivo fornecer conhecimentos mais aprofundados do que os obtidos no curso de graduação, mas também trazer ao debate as questões atuais, em razão das mudanças legislativas, dos debates

> os cursos de especialização em Direito, como regra, têm como objetivo fornecer conhecimentos mais aprofundados do que os obtidos no curso de graduação

jurisprudenciais, ou da complexidade na correta compreensão dos textos legais.

Para tanto utilizam-se de textos a serem lidos e debatidos, com a realização de seminários e aulas expositivas, que afinal fornecem importante formação aos alunos, devendo estes cursos ser concluídos com a realização e apresentação de monografia jurídica que será examinada e avaliada por professores, como requisito essencial à obtenção do diploma de especialista na área do Direito escolhida pelo estudante.

Já a opção pela pós-graduação em sentido estrito, que compreende o mestrado e o doutorado, destina-se ao estudo teórico dos vários temas, consistindo na frequência a cursos básicos e complementares, em função da área escolhida, com a realização de trabalhos escritos, seminários e aulas expositivas, com avaliação semestral e, afinal, a apresentação da dissertação de mestrado, sob a orientação de um professor e avaliação por uma banca examinadora.

O título de mestre, obtido com a aprovação perante a banca examinadora da dissertação de mestrado, é o primeiro requisito para o ingresso no magistério superior. Ainda atualmente, o Ministério da Educação, diante do número insuficiente de mestres e doutores em Direito, permite que várias faculdades tenham autorização para funcionar com a maioria dos professores portadores apenas do título de bacharel e um número mínimo de mestres e doutores.

> **já a opção pela pós-graduação em sentido estrito, que compreende o mestrado e o doutorado, destina-se ao estudo teórico dos vários temas**

Todavia, a regra a ser adotada em futuro próximo em todas as instituições de ensino de Direito é aquela já praticada pelas instituições públicas e pela Faculdade de Direito da Pontifícia Universidade Católica, que é a exigência do título de doutor para inscrição no concurso para ingresso de professor.

Esta é a garantia da manutenção do curso em nível de excelência, diante da sólida formação acadêmica dos professores.

Assim, se o objetivo é melhorar sua formação com vistas à colocação no mercado profissional, deve o interessado visar a um curso de especialização em Direito. Já os interessados no ingresso no mundo acadêmico devem se inscrever num programa de pós-graduação reconhecido pelo Ministério da Educação, cursando o programa de mestrado e futuramente o programa de doutorado.

FALANDO
menos SÉRIO

Entrei na especialização correndo, porque não queria ter tempo para pensar em não fazer pós, haha. Mal acabei a graduação, já estava matriculada na pós. É engraçado. Eu sabia que se me desacostumasse a ir à aula regularmente, seria muito difícil aceitar isso depois de já me instalar numa nova rotina. Então nem me dei chance de desistir. E acho que fiz bem.

Mas a verdade é que a pós não tinha muito a ver com o meu perfil profissional. Era muito voltada para a advocacia no contencioso, coisa que eu fiz durante um tempo mas que eu sabia não querer fazer para sempre. Por outro lado, eu já queria ser professora. Por isso, logo que houve oportunidade, me candidatei a uma vaga no mestrado. E deu certo.

Em algumas matérias do mestrado, eu realmente me encontrava, saía da aula feliz da vida, com a verdadeira sensação de aprendizado e crescimento. Em outras, sentia o mesmo que senti na pós: isso não é pra

> uma coisa que me deixa louca até hoje: transformar o mundo acadêmico numa mesa de boteco onde advogados, promotores e juízes debatem os casos nos quais trabalham

mim, só estão debatendo o "processo XPTO lá do escritório" ou a "ação número tal lá da minha vara". Frequentemente achava que as discussões ficavam no raso, quando poderiam mergulhar muito mais fundo.

Isso, aliás, é uma coisa que me deixa louca até hoje: transformar o mundo acadêmico numa mesa de boteco onde advogados, promotores e juízes debatem os casos nos quais trabalham. Uma coisa é exemplificar a teoria com um caso concreto. Outra coisa é transformar a sala de aula num bate-papo pobre sobre casuística.

Fora esses momentos em que me aborrecia por conta disso, senti um grande crescimento tanto no mestrado quanto no doutorado. Senti, efetivamente, que aquilo fazia sentido para mim e para a carreira que escolhi.

Acho que essa decisão precisa ser bem pensada por cada um, de acordo com seu perfil. E acho que o importante é retornar aos estudos o mais rápido possível, porque quando o trabalho vai tomando o espaço dos nossos dias, é difícil resgatarmos esse espaço para preencher com estudo. E, convenhamos, né, parar de estudar não deve ser uma opção.

ESTUDAR FORA DO BRASIL

FALANDO SÉRIO

Temos a convicção de que os problemas brasileiros devem ser resolvidos através de soluções nacionais, isto é, com ideias baseadas na nossa realidade, não sendo prudente importar soluções de outros países, que têm uma realidade distinta da nossa e, portanto, reclamam equações diversas, ainda que o problema seja o mesmo que vivemos.

Mas isto não significa que devamos fechar os nossos olhos para as realidades diversas, sem levar em conta o que ocorre em outros países, pois muito do que poderemos observar ali poderá contribuir para melhor resolver nossos problemas, com as devidas adaptações daquelas soluções ao nosso universo.

Por este fato entendo que a experiência de estudar fora do Brasil traz grandes vantagens ao estudante brasileiro. A estada numa universidade estrangeira vai nos levar a comparar nosso sistema de estudo com o estrangeiro, a forma de vida na universidade, o contato com os professores e colegas, enfim, vai permitir uma avaliação do que temos e tivemos aqui com outro olhar. Assim, será mais fácil valorizar o que temos de bom e

a estada numa universidade estrangeira vai nos levar a comparar nosso sistema de estudo com o estrangeiro, a forma de vida na universidade, o contato com os professores e colegas

pensar em outras soluções para o que não vai tão bem.

Mas além da questão acadêmica, a experiência de morar em outro país, aprender e exercitar outro idioma, viver sozinho e suprir as necessidades do dia a dia são por demais valiosas para nossa vida. Este momento em nossa formação auxilia muito no crescimento interior, pois permite com certeza refletir sobre aspectos importantes de nossa existência. Ademais, esta experiência nos credencia a enfrentar no futuro problemas que surgirão e que teremos mais e melhores condições de equacionar de forma tranquila e eficiente.

Ainda que a oportunidade de um intercâmbio apareça no meio do curso, por um ou dois semestres, tenho a certeza de que vale a pena suspender o curso aqui e se formar um ou dois semestres depois, em troca desta riquíssima experiência que se apresenta e que acredito não deva ser perdida.

E, caso não tenha aproveitado de um intercâmbio ao longo do curso, sugiro que logo após concluir o curso aqui busque uma experiência no exterior, pelo valor que terá para sua vida toda.

E se o problema for custear esta viagem e estada, lembro que há vários programas de bolsas de estudo no exterior, tanto para formandos quanto para recém-formados. Recordamos que dissemos que nestas situações é que um "curriculum" acadêmico com ótimo aproveitamento é um critério importante na avaliação do merecimento para a concessão de bolsas de estudo. Boa viagem!

FALANDO
menos SÉRIO

Cá entre nós, sabemos que "estudar fora", frequentemente, tem mais a ver com o "fora" do que com o "estudar". E, sinceramente, não acho que isso seja um problema. Acho mesmo que a gente vai morar fora para viver, para se abrir, para começar do zero em vários sentidos. E, via de regra, precisamos de um "pretexto" para embarcar. E que bom que esse pretexto seja o estudo.

Acho, aí sim, um problema, se a pessoa transforma seu curso numa várzea. Vi muita gente se inscrever no mestrado aqui em Lisboa e queimar a imagem dos brasileiros na universidade porque simplesmente não frequentava as aulas, não apresentava os trabalhos necessários e não estava ligando para o que estava fazendo. Isso é ridículo, sobretudo quando já somos adultos.

Podemos perfeitamente conciliar a vida acadêmica num país estrangeiro com a vida alegre, as festas, as bebedeiras e as viagens, e com os estudos, de forma eficiente, sem que eles sejam desrespeitados. Tudo é uma questão de equilíbrio e de estabelecer limites. Caso contrário, você está jogando seu dinheiro e seu nome fora.

E sim, via de regra, estudar fora é uma coisa muito boa para o currículo. Não se trata apenas do diploma em si, mas de saberem que você já abriu a cabeça para coisas novas, já se virou sozinho num outro país, já cresceu como pessoa e como profissional. É claro que esse é um grande diferencial.

Acho que todo mundo que tem condições para tanto, deve se dar a oportunidade de estudar fora, pelo menos

> não se trata apenas do diploma em si, mas de saberem que você já abriu a cabeça para coisas novas, já se virou sozinho num outro país, já cresceu como pessoa e como profissional

durante um período. É bom para o currículo, para o futuro, para a cabeça e para a alma. Como diz a música, "One day you'll leave this world behind/ So live a life you will remember". *E te garanto que quando você tiver 90 anos não vai ser daquele prazo que parece a coisa mais importante do mundo que você vai se lembrar. Pense bem.*

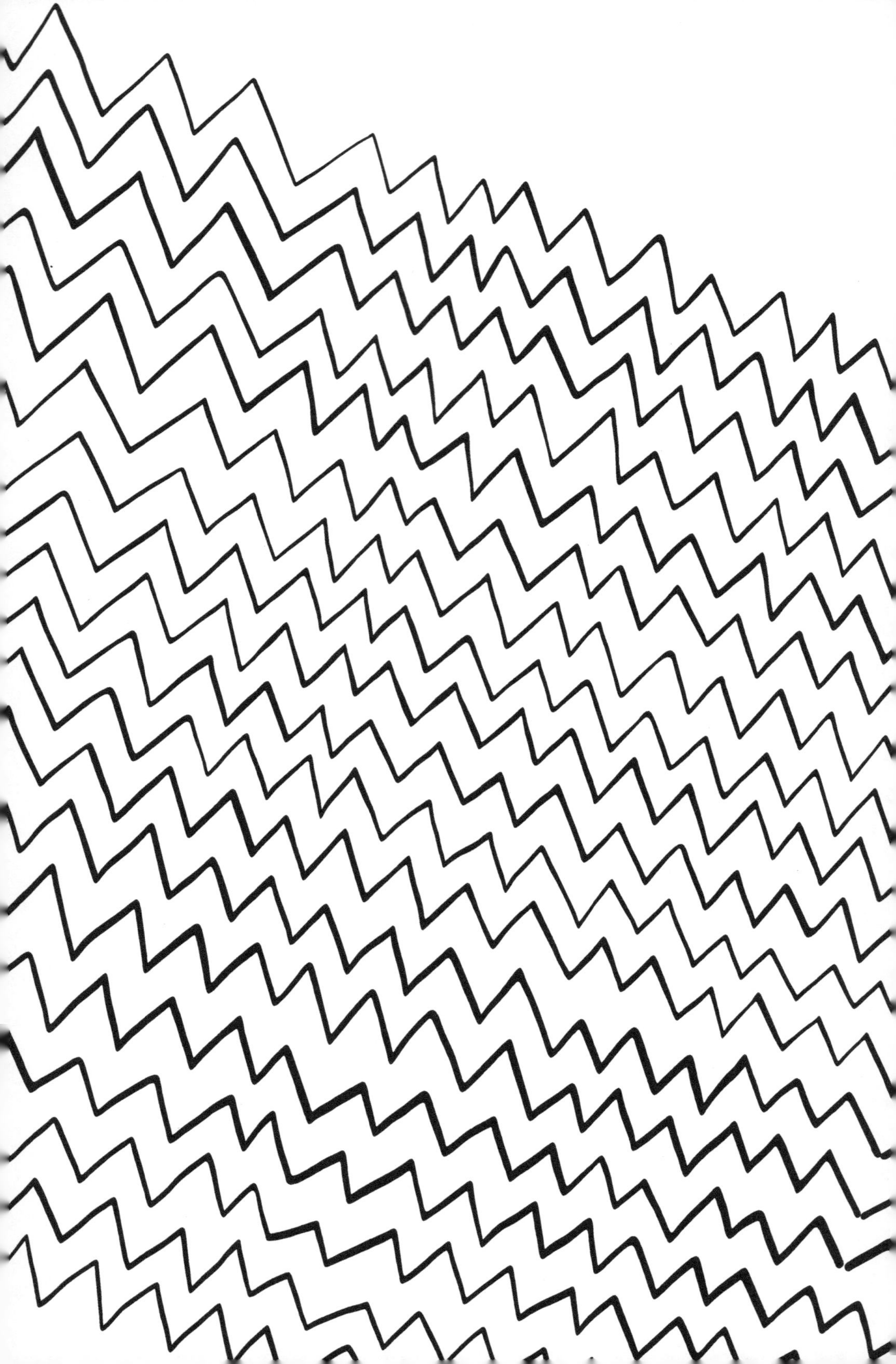

parte quatro

Vida profissional

LIDANDO COM JUÍZES

FALANDO SÉRIO

Os advogados que atuam no denominado contencioso, isto é, atuam em juízo, têm contato direto com os juízes, desembargadores e ministros em audiência, nas sessões de julgamento nos tribunais, e nas ocasiões em que necessitam despachar um pedido diretamente com o magistrado.

Esta é uma atividade que requer atenção e cuidado da advogada ou do advogado, pois embora não exista hierarquia entre juiz e advogado, ao magistrado cabe a direção do processo, daí por que a ele incumbe deferir ou não o requerimento formulado pelo advogado, que jamais deverá esquecer que o poder de decisão não é seu.

Isso porque a decisão sobre o que for requerido cabe ao juiz, necessitando o advogado formular sua pretensão de forma adequada, fornecendo-lhe os elementos necessários para acolher a pretensão.

Na minha experiência profissional de mais de trinta anos exercendo a Magistratura, posso afirmar que a grande maioria dos juízes e juízas são profissionais acessíveis e mantêm bom relacionamento com os advogados, não havendo problemas neste relacionamento.

LIDANDO COM JUÍZES 133

Mas se assim ocorre é porque as advogadas e advogados igualmente têm um bom relacionamento com a Magistratura, estando conscientes do seu direito de petição, mas certos de que a decisão cabe ao juiz. Há, infelizmente, alguns que são pessoas de trato difícil pelo modo de ser, por problemas pessoais, por insegurança emocional ou profissional, dentre outras razões. Ainda assim temos que aprender a lidar o melhor possível com situações que podem se tornar desagradáveis.

> o profissional do Direito não deve se deixar envolver emocionalmente com o processo, devendo, para tanto, fazer um esforço neste sentido e estando sempre atento a eventuais situações delicadas que venham a ocorrer

O profissional do Direito não deve se deixar envolver emocionalmente com o processo, devendo, para tanto, fazer um esforço neste sentido e estando sempre atento a eventuais situações delicadas que venham a ocorrer. Os clientes se emocionam, o que é normal, mas nós não devemos assim proceder, exatamente para ter clareza na defesa dos interesses deles.

Para um melhor desempenho profissional, é prudente o advogado procurar obter alguma informação segura com os colegas sobre o comportamento de determinada juíza ou juiz que não conhecemos, a fim de não haver surpresas futuras.

Advogado e juiz não devem discutir, mas sim argumentar. Ademais, se nossa pretensão for indeferida pelo juízo, haverá sempre a possibilidade de revisão desta decisão desfavorável pela instância superior, se causar prejuízo ao nosso cliente, por meio do recurso adequado.

Sabemos todos que o volume de serviço é muito grande em todos os ramos do Poder Judiciário, daí por que pensando no benefício do nosso cliente e na busca de uma decisão favorável, devemos ser o mais objetivo possível para abreviar a questão, mas ao mesmo tempo é preciso fornecer todas as informações necessárias para embasar a decisão favorável que buscamos.

O advogado que milita com frequência em determinado foro, a cada audiência de que participa vai estreitando seu relacionamento profissional com os juízes, criando uma imagem positiva de sua atuação profissional, o que irá facilitar em muito seu trabalho futuro. Eventual conflito que ocorra entre juiz e advogado, embora crie uma indisposição entre ambos, sempre poderá ser reparado numa próxima vez, demonstrando que aquele problema havido foi uma infelicidade momentânea, simplesmente.

Lembre-se, ainda uma vez mais, que somos nós mesmos que tornamos nosso trabalho mais ou menos penoso, em função do comportamento que adotarmos. Quanto mais preparados para determinada audiência e seguros do nosso trabalho, menor será a possibilidade de algum desentendimento. E quanto menos desentendimentos tivermos ao longo da vida profissional, mais satisfatória será nossa vida pessoal, que afinal é o objetivo que deve presidir nossa conduta.

FALANDO
menos SÉRIO

Minha mãe sempre me disse: "manda quem pode, obedece quem tem juízo". Outra coisa que ela diz é que "a corda sempre arrebenta para o lado mais fraco". E mais uma coisa que ela costuma dizer: "bom senso e água fresca não fazem mal para ninguém". Por que estou dizendo tudo isso? Porque não adianta escrever sobre nada aqui se as pessoas não partirem do pressuposto básico do bom senso e do juízo.

Se você quer ter o poder de decisão, estude e entre na Magistratura. Se não é isso que você quer fazer, aprenda a aceitar que, sendo advogado, defensor, promotor ou procurador, nós teremos que lidar com as decisões proferidas pelos juízes. É uma lógica bastante simples.

Assim como não suporto juízes destemperados, que confundem o poder jurisdicional com o poder divino, não aguento advogados que passam uma vida inteira dando chilique a cada sentença que sai em seus casos. Sim, você pode discordar. Sim, você pode recorrer. Mas por favor, não se torne o advogado que queria ser juiz e que passa uma carreira toda se dedicando a criticar sentenças em vez de se dedicar a melhorar suas peças.

A relação entre juízes e advogados é delicada, porém também é cotidiana. E fazer dela um problema é um erro gravíssimo de ambas as partes. Isso não se faz, senão a vida se torna um verdadeiro inferno. Aceite que a relação é essa e faça o seu melhor, mas não fique remando contra a maré.

É preciso que haja cordialidade, respeito e, acima de tudo, que haja aceitação de que são papéis diferentes a serem desempenhados. Juiz que acha que tem o direito de se meter no trabalho do advogado e advogado que queria ser juiz são dois dos maiores problemas dos tribunais.

Ninguém tem que levar desaforo para casa. E, se um juiz for além do razoável, é necessário tomar as medidas cabíveis. Mas lembre-se também – especialmente quando for despachar – que aquele cara está tentando trabalhar e que você provavelmente é a vigésima interrupção que ele sofre naquele dia. Só vá falar com o juiz se for mesmo necessário e vá sabendo exatamente o que dizer. Trate-o com educação e gentileza e ele dificilmente terá espaço para não o tratar do mesmo modo.

> **a relação entre juízes e advogados é delicada, porém também é cotidiana. E fazer dela um problema é um erro gravíssimo de ambas as partes**

LIDANDO COM ADVOGADOS E DEFENSORES PÚBLICOS

FALANDO SÉRIO

O direito de defesa é reconhecido a todos pela Constituição Federal, daí por que sempre teremos um advogado defendendo uma tese oposta à nossa, no interesse de seu cliente. Este colega pode ser um advogado particular ou um advogado do Estado, como no caso do Defensor Público, que presta assistência jurídica ao cidadão ou à cidadã, como forma de fazer valer o direito de defesa constitucionalmente assegurado.

É esta a perspectiva que devemos ter da posição do colega "ex adverso", expressão que o Direito empresta do latim para se referir ao advogado da parte contrária. Trata-se de um advogado ou advogada como nós, que defende os interesses de seu cliente e que, portanto, tem posição oposta à nossa, buscando uma decisão judicial favorável ao seu constituinte, do mesmo modo que assim fazemos em favor do nosso cliente.

Nesta perspectiva temos que lidar com o advogado ou defensor público da parte contrária como um colega no exercício de sua atividade profissional, do mesmo modo que assim fazemos. O mesmo tratamento respeitoso que dispensamos aos magistrados devemos manter em relação ao colega "ex adverso". Não somos inimigos, mas apenas advogados em posição processual oposta, defendendo teses que se contrapõem.

não somos inimigos, mas apenas advogados em posição processual oposta, defendendo teses que se contrapõem

E a posição oposta num determinado processo é meramente circunstancial, pois amanhã poderemos estar advogando em conjunto com este mesmo advogado (com o qual litigamos num determinado caso), em outro processo que comporte mais de um advogado de cada lado, quando, por exemplo, tratar-se de ação judicial movida por mais de um autor contra uma multiplicidade de réus (cada parte tendo seus próprios advogados).

O relacionamento entre advogados e defensores públicos está acima da situação profissional de advogar para partes adversas, defendendo teses contrárias. Ambos são advogados que mantêm um relacionamento pessoal de cordialidade, não obstante venham a se contrapor num ou em vários processos, o que em absoluto deve abalar seu relacionamento pessoal.

A atuação do advogado não se esgota nos processos, como já referimos anteriormente, pois há outras atividades a desenvolver. E sua atuação pode se dar individualmente, mas também em conjunto com outros colegas, quer no escritório em que prestam serviços, quer em órgãos representativos dos advogados, como a Ordem dos Advogados, o Instituto dos Advogados, a Associação dos Advogados, dentre outras entidades que congregam profissionais e que atuam em benefício dos associados e da sociedade.

Deste modo, a advogada e o advogado têm atuação nessas entidades em muitos casos junto com colegas com os quais irão se defrontar em algum processo, atuando cada um em benefício de partes que estão em conflito, o que demonstra que os profissionais apenas atuam em posições antagônicas, mas não litigam entre si.

FALANDO
menos SÉRIO

Vamos começar repetindo o mantra: "o advogado da parte contrária não é meu inimigo, o advogado da parte contrária é apenas o advogado da parte contrária e não meu inimigo". Boa? Isso já é um ótimo começo para a sua vida profissional não te deixar maluco.

A gente assiste a muito filme e a muita série norte-americana nos quais eles vendem a ideia de que o Judiciário precisa ser uma guerra para fazer sentido. E a verdade é que temos que nos esforçar para fazer exatamente o contrário: tornar o Judiciário um local conciliador e tranquilo, na medida do possível, pois só assim estaremos colaborando com a Justiça e com os nossos próprios clientes.

Todavia, nem sempre a gente vai encontrar advogados e defensores públicos com bom senso. Tem muita, muita gente doida. Tem gente mal-educada, gente presunçosa, gente elitista, gente arrogante. E, sim, você vai ter que aprender a lidar com isso. E já dou uma dica: não vai ser se comportando como eles que você vai resolver as coisas.

Lembre-se sempre de quem você é. Da educação que você teve em casa, da forma como você gosta que as pessoas te tratem, do seu bom senso e até do seu senso de humor. Não se deixe contaminar por quem

temos que nos esforçar para fazer exatamente o contrário: tornar o Judiciário um local conciliador e tranquilo, na medida do possível, pois só assim estaremos colaborando com a Justiça e com os nossos próprios clientes

foi perdendo isso ao longo do caminho. Mantenha a sua essência.

Todavia, às vezes é preciso exigir respeito. E o que eu acho mais importante é o seguinte: demonstre que você se leva a sério. Que você estudou a matéria que está em debate, que você está preparado, que você tem boa educação e que ninguém ali pode se julgar maior do que você. Se você olha para você mesmo com respeito, dificilmente os outros não te olharão da mesma forma.

Isso não se confunde com entender a noção de hierarquia. Enquanto você for estagiário, é preciso, sim, tratar os advogados ou defensores que são seus chefes com respeito à posição deles, mais experiente e qualificada. Na verdade, não só enquanto for estagiário, mas sempre, ao longo da carreira, entender que você é igual a todos os outros como ser humano, mas que nem sempre será igual como profissional. E que respeitar a hierarquia não te faz menor, muito pelo contrário.

LIDANDO COM O MINISTÉRIO PÚBLICO

FALANDO SÉRIO

O promotor público, que é integrante do Ministério Público, por força do artigo 127 da Constituição Federal, tem por função a defesa da ordem jurídica, do regime democrático e dos interesses sociais e individuais indisponíveis.

Verifica-se, portanto, que a missão do Ministério Público é essencial para a sociedade, pois é a garantia da defesa do Estado de Direito. É nessa perspectiva que devemos nos relacionar com o representante do Ministério Público, quer agindo como advogados, quer agindo como juízes.

Mas, não obstante a importância da Magistratura e do Ministério Público para a garantia da sociedade democrática, não nos esqueçamos de que o artigo 133 da Constituição Federal assevera que o advogado é indispensável à administração da justiça.

Eis o motivo pelo qual não há hierarquia entre advogado, juiz e promotor, mas apenas atribuições diversas a cada profissional no exercício de seu mister.

O juiz atua na condução do processo, gerenciando seu andamento, enquanto que promotor e advogado cuidam dos interesses de seus constituídos, isto é, autor e réu. O clima, portanto, entre os três profissionais deve ser de respeito e cortesia, não obstante estejam em posições diversas em juízo.

> **não há hierarquia entre advogado, juiz e promotor, mas apenas atribuições diversas a cada profissional no exercício de seu mister**

Advogado e promotor podem e devem requerer tudo o que for a favor de seu cliente, enquanto ao juiz, que tem menos liberdade no processo, é reservada a missão de deferir tudo o que for oportuno, cabível, tempestivo e pela forma adequada, cumprindo-lhe indeferir a pretensão que não atender aos requisitos mencionados.

O juiz atua nos limites que a lei lhe impõe, enquanto que o advogado e o promotor, nos interesses de seus constituídos, têm maior liberdade, podendo requerer tudo o que a lei não proíbe.

Desse modo, o relacionamento do advogado com o Ministério Público deverá ser de respeito, como em relação a todos os profissionais, mas jamais de submissão, pois ambos exercem funções essenciais à administração da justiça, atuando em favor de seus constituídos.

FALANDO
menos SÉRIO

Hoje em dia sou advogada, mas como já mencionei, durante dois anos fui estagiária de um juiz. E, vou ser sincera, eu me achava um pouco juizinha, não vou mentir. Tipo uma míni Dr. Nelson. Não no sentido de me achar importante, mas no sentido de olhar para os advogados, defensores e promotores na terceira pessoa, enquanto olhava para o juiz com uma sensação de "é nóis".

> no fundo, a velha premissa de tratar as pessoas com educação e um sorriso no rosto segue sendo válida e indispensável, independentemente do órgão ao qual você se dirige

Isso é muito curioso. Porque quando escrevo sobre os juízes e os advogados, sinto que já vivi essas posições "na pele", mesmo que só um pouquinho. Mas, para falar dos promotores, sou efetivamente uma observadora.

Engana-se muito quem acha que os promotores trabalham menos do que os juízes. A responsabilidade de defender a sociedade é tão grande e pesada quanto a responsabilidade de proferir uma sentença, assim como a carga de trabalho não é mais leve. Uma das minhas melhores amigas passou recentemente no concurso do MP e eu sei bem as responsabilidades que ela está assumindo...

Frequentemente o trato com os promotores é um pouco mais leve e, às vezes, um pouco mais informal do que o trato com os juízes. Não sei bem o porquê – e isso não é uma regra –, mas parece haver um pouco menos de formalidade, o que não quer dizer que haja menos respeito. E esse perfil, um pouco mais descontraído, pode ser mais confortável para alguns tipos de estudantes.

No fundo, a velha premissa de tratar as pessoas com educação e um sorriso no rosto segue sendo válida e indispensável, independentemente do órgão ao qual você se dirige. Seja qual for a ocasião, tratar as pessoas assim é o primeiro passo para as coisas darem certo.

LIDANDO COM OS SERVIDORES PÚBLICOS

FALANDO SÉRIO

Nossa atuação com os servidores públicos deve guardar o mesmo respeito e cortesia que devemos dispensar aos juízes, promotores, advogados, defensores públicos e todos os que atuam no nosso âmbito profissional.

Se imaginarmos uma Vara do Poder Judiciário com seus processos, não há como concebê-la sem o concurso dos servidores públicos, pois são eles que movimentam os processos e que possibilitam a atuação dos juízes, advogados, promotores, defensores, procuradores e todos os que atuam judicialmente.

De outra parte, na nossa experiência como estagiários de Direito, advogados recém-formados, juízes e promotores recém-empossados, todos temos a lembrança da experiência salvadora dos antigos servidores do cartório, que nos ensinaram o que fazer quando estávamos atônitos diante de uma situação que para nós parecia um problema intransponível, mas que para o servidor era mera rotina.

A propósito, assim que tomei posse como Juiz substituto do Trabalho e fui auxiliar na 25ª Junta de Conciliação e Julgamento de São Paulo, hoje 25ª Vara

> os servidores são a alma da justiça e sem eles igualmente não há justiça, do mesmo modo que sem advogado, juiz e promotor

do Trabalho de São Paulo, passei por um episódio que ilustra o que quero dizer.

Eu já contava com mais de cinco anos de formado, tinha sido estagiário, servidor do Tribunal Regional do Trabalho, mas nunca tinha exercido a Magistratura. Eis que surge uma petição para eu despachar, protocolada por um advogado. Teoricamente eu sabia que nada poderia decidir até examinar o processo, a fim de saber se a pretensão deveria ser deferida ou não, daí por que era necessário juntá-la aos autos, para que estes viessem para eu examinar e decidir.

Até aí tudo bem, mas o que eu deveria dizer na petição que o advogado trazia, aguardando o despacho? Isso não se aprende na faculdade, mas apenas na prática... Eis que surge o salvador da pátria! O Itabiga, Diretor de Secretaria da 25ª Junta, que se vira para mim e diz: "esqueceu de despachar esta petição, doutor, coloca aí um 'j. conclusos'!".

Em resumo, os servidores são a alma da justiça e sem eles igualmente não há justiça, do mesmo modo que sem advogado, juiz e promotor. Assim, nosso tratamento com os servidores públicos há de ser de respeito, como a todos os demais, mas também de gratidão, pois são os verdadeiros professores de prática forense.

FALANDO *menos* SÉRIO

Eu tinha 19 anos quando fui estagiar na Primeira Vara Cível do Fórum do Jabaquara. Eu não fazia a mais pálida ideia do que estava fazendo. Não tinha qualquer experiência de fórum e também não sabia o que significava um "j. conclusos".

Termos como despacho, decisão interlocutória, estenotipia, apregoar, apensar, redistribuir, redesignar, subir o processo, qualificar as partes, conferir as guias, mandar pra dat e publicar no DO *me eram tão familiares quanto os isótopos que eu fingi que aprendi nas aulas de química alguns anos antes.*

Por melhor que fosse meu professor de Processo Civil – e, de fato, era um dos melhores do país – essas coisas a gente só aprende com a mão na massa e com alguém que te ajude com alguma paciência. E esse alguém tinha nome: Lucia, Isaura, Idema, Eli, Ciça entre tantos outros. Eram elas, servidoras da Primeira Cível do Jabaquara que tiveram, junto com o Dr. Nelson, a generosidade de me ensinar um belo percentual de tudo o que eu sei hoje.

É claro que, como em todas as funções e profissões, tem gente difícil de lidar, gente que não está feliz fazendo o que faz e gente que não faz seu trabalho bem. Sim, eu também tive aborrecimentos. E quem está no balcão frequentemente passa por umas situações que não são legais.

Acho que o importante é sempre lembrar do que meu pai escreveu: "os servidores são a alma da justiça e sem eles igualmente não há justiça, do mesmo modo que sem advogado, juiz e promotor". Tem muita gente que trata o juiz com respeito, mas assim que vai para o cartório muda de máscara, tratando os servidores de forma diferente. Isso, além de feio, é burro. Os servidores, além de fazerem parte do Judiciário, são aqueles que "cuidam" do seu processo. Não faz o menor sentido, por ética e por inteligência, não tratá-los com

> **tem muita gente que trata o juiz com respeito, mas assim que vai para o cartório muda de máscara, tratando os servidores de forma diferente. Isso, além de feio, é burro**

a mesma cordialidade com a qual se trata o juiz e o promotor.

Posso estar sendo repetitiva, mas faço questão: estude a matéria, esteja seguro do que está fazendo e do que está dizendo, trate as pessoas com educação e sorria. Não tem erro. Work hard and be nice to people, *lembra?*

LIDANDO COM OS CLIENTES

FALANDO SÉRIO

O cliente é a razão de ser da advocacia, pois sem clientes não há trabalho, daí por que merecem todo nosso apreço e consideração. Mas é necessário um cuidado especial ao lidar com o cliente, porque ele sempre traz um problema para o advogado e normalmente está angustiado e emocionado com este mesmo problema.

Assim, não basta ao advogado o conhecimento técnico para dialogar com seu cliente, pois é necessário compreender o estado psicológico daquele que tem um problema (seja autor ou réu) e que ignora a sua extensão e complexidade, não tendo conhecimento para aferir a forma de buscar solucioná-lo e a real expectativa de sucesso neste assunto.

Deste modo é necessário deixá-lo "desabafar" o que tem para dizer, apenas orientando sua exposição de modo a dela extrair os dados necessários à compreensão do conflito.

As suas intervenções nesta conversa necessariamente têm que passar a confiança ao cliente de que você compreende o caso, já atuou em casos iguais ou semelhantes, além de mostrar como o Direito vê esta relação jurídica com a outra parte, bem como o posicionamento da jurisprudência a respeito. Aí seu cliente começará a se acalmar, pois sentirá que o caso está em boas mãos.

Não devemos antecipar resultados, pois não sabemos o rumo que o processo e as provas tomarão, mas é preciso dar uma expectativa sobre a possível solução. Se possível, mostrar que a casuística tem sido favorável, mas, se assim não for, devemos buscar argumentos para demonstrar que o problema, embora seja sério, não provocará tanto prejuízo como a princípio poderia parecer.

De outra parte, é essencial lembrar que o advogado é o "primeiro juiz do caso", motivo pelo qual é necessário fazer uma avaliação das reais possibilidades e sucesso da tese que iremos defender, prevenindo o cliente da possibilidade de insucesso, o que exige a ética profissional, que é a lealdade necessária do advogado com seu cliente. Neste sentido, caso você esteja convencido de que seu cliente não tem razão, deve ser franco, deixando-o informado da real situação de um futuro processo, se for o caso.

Lembremos de que o cliente normalmente é leigo em Direito e, portanto, aliando este desconhecimento ao componente psicológico que envolve o conflito, pode acreditar firmemente que terá êxito, o que nem sempre ocorre. Se assim for porque o Direito não lhe dá razão, cumpre ao advogado aconselhá-lo a não ingressar em juízo.

> o advogado é o "primeiro juiz do caso", motivo pelo qual é necessário fazer uma avaliação das reais possibilidades e sucesso da tese que iremos defender

A postura do advogado há de ser objetiva e clara, quanto ao seu procedimento no processo e quanto às tratativas com o advogado da outra parte, inclusive passando pela possibilidade de conciliação, além de tratar sobre o valor e o pagamento dos seus serviços.

Não crie ilusões ao seu cliente, pois isso resultará em perda da confiança profissional, que é essencial para a advocacia. Lembre-se sempre de que o grande capital que o advogado constrói é fruto da segurança que passa aos clientes e colegas, fundada na seriedade de seu trabalho.

Tornar-se um profissional de respeito exige, além da competência, exercer a advocacia com seriedade, ética e honestidade. A falta de qualquer um destes quatro requisitos destrói uma carreira. E a dificuldade em se tornar um excelente profissional é inversamente proporcional à facilidade para ser desacreditado no mercado de trabalho.

FALANDO menos SÉRIO

Prepare-se: se você acha que já conheceu gente maluca, é porque você ainda não conheceu os seus clientes. Brincadeira, gente, eles são ótimos. Quer dizer, ótimos talvez seja um exagero. Às vezes são ótimos, às vezes são o capeta, é mais ou menos assim. Enfim, vai ser animado, isso eu posso garantir. Você vai ver de tudo, vai ouvir de tudo, vai fazer amigos, vai ser odiado, vai chorar de raiva, vai dar abraços e ganhar presentes. Uma verdadeira loucura.

Como meu pai mencionou, nós dependemos dos nossos clientes e temos que saber dançar conforme a música. Às vezes seremos uma espécie de psicólogo sem diploma, às vezes seremos um ombro amigo, às vezes seremos aquele que joga um balde de água fria, aquele que cobra os honorários atrasados, que tem que falar umas verdades duras e que vai ter que garantir: "a gente vai fazer o melhor possível".

Nunca diga que vai dar tudo certo ou que é "causa ganha". Mesmo quando você ganhar, espere o depósito cair na conta para comemorar com o cliente. O advogado precisa ser realista sem ser pessimista. E isso é um verdadeiro desafio.

Acima de tudo, saiba dizer não. Não, este não é um caso para entrar com ação. Não, você não tem direito a essa verba. Não, seu vizinho não está errado por exigir que você ouça música mais baixo. Não, seu primo não é um salafrário se a herança foi deixada toda para ele em testamento. Não, eu não vou compactuar com coisa errada. Se você não aprender a dizer não, você corre um grande risco de se tornar um daqueles advogados que queima a imagem de toda a advocacia.

Lembre-se que o destino das pessoas está nas suas mãos. Pode ser "só mais um caso" no seu dia, mas é com a vida das pessoas que a gente mexe. Não são só os médicos que cuidam de questões de vida ou morte. Uma ação trabalhista, às vezes, pode ser mais decisiva para uma família do que uma cirurgia de remoção de amídalas. Seja responsável, estude, leve as coisas a sério. Você escolheu uma carreira na qual não dá para brincar em serviço.

TRABALHANDO EM EMPRESA

FALANDO SÉRIO

O advogado que trabalha em uma empresa tem um duplo encargo sob o ponto de vista da conduta honesta e ética. Isso porque além de zelar pelo seu nome pessoal e profissional, não pode esquecer que representa a empresa, daí por que eventual deslize que ocorra de sua parte refletirá negativamente na imagem da empresa que representa.

A advocacia empresarial cria um ambiente colegiado de trabalho para o advogado, pois as atividades a exercer serão divididas com outros colegas do mesmo setor. Isso exigirá o cultivo da boa convivência, para que o grupo seja harmônico e tenha sucesso nas suas atividades.

O advogado no exercício de sua profissão tem autonomia, mas num ambiente empresarial deverá respeitar os interesses do empregador, defendendo as teses da empresa, que podem não ser necessariamente as teses do advogado que conduz o processo.

Eis aí uma característica da advocacia que é muito importante e difícil de ser bem conduzida, e que consiste na competência para defender uma tese a favor do

o advogado que trabalha em uma empresa tem um duplo encargo sob o ponto de vista da conduta honesta e ética

cliente, buscando convencer o juiz, embora possa não ser uma tese com a qual pessoalmente concorde.

Lembre-se, contudo, de que, ao receber uma procuração do cliente e tornar-se seu procurador, o advogado passa a defender os interesses de seu constituinte e não seus próprios interesses. Esse é um dos grandes desafios da advocacia, sobretudo no meio empresarial.

FALANDO
menos SÉRIO

Tive a oportunidade de, durante algum tempo, trabalhar como advogada em uma empresa grande. Essa foi uma das experiências que mais me fez crescer como profissional, pois vivi um lado da advocacia – e da sociedade – que eu não conhecia até então.

O ambiente empresarial tem algumas coisas muito diferentes do ambiente da advocacia tradicional. Há, em regra, menos formalidades, um clima mais extrovertido e há muita gente diferente trabalhando com temas que você desconhece e que, exatamente por isso, te fazem crescer.

Todavia, você acaba tendo menos gente com quem aprender coisas na área do Direito (a não ser que a empresa tenha um grande departamento jurídico) e, frequentemente, não tem muito a quem pedir socorro em momentos de dúvidas. Por isso, é preciso estudar ainda mais.

Há, como em tudo, vantagens e desvantagens. Trabalhando em empresa, a gente acaba arejando um pouco mais a cabeça e saindo daquele meio excessivamente quadrado no qual frequentemente acabamos por viver na área do Direito. Por outro lado, é importante pensar no fato de que só se deve trabalhar numa empresa muito idônea – e na qual você confie bastante – para que você, dali a pouco, não se flagre em apuros acerca daquilo que precisa defender.

De um modo geral, trabalhar como advogada em empresa foi uma coisa que me fez aprender bastante, abrir a cabeça e que, de vez em quando, até deixa alguma saudade. Mas confesso que depois passa, eu estou bem assim, com meu escritoriozinho, meus horários e minhas decisões.

> **por outro lado, é importante pensar no fato de que só se deve trabalhar numa empresa muito idônea – e na qual você confie bastante – para que você, dali a pouco, não se flagre em apuros acerca daquilo que precisa defender**

CONTRATANDO ESTAGIÁRIO

FALANDO SÉRIO

O estágio profissional para o estudante de Direito é de grande importância, pois será no exercício efetivo da atividade que se tornará possível conhecer realmente cada ramo do Direito e ver, afinal de contas, em que área eu vou querer me especializar e trabalhar.

Enquanto estamos tendo contato teórico com as várias disciplinas, algumas despertam mais interesses que outras, mas isso não significa obrigatoriamente que serão estas áreas que vão se tornar as nossas especialidades como profissionais.

Eis, portanto, a maior função do estágio profissional, que é mostrar à estudante e ao estudante de Direito qual o conteúdo de cada setor a que se dedica o escritório em que irão estagiar, para afinal poderem decidir com segurança em que ramo querem trabalhar.

Desse modo, ainda que cada um já tenha suas preferências ao iniciar o estágio, o ideal é que tenha contato direto com todos os ramos, a fim de poder descartar o que realmente não gosta e aproximar-se dos temas que mais se afinam com suas convicções e aptidões.

Portanto, ao contratar uma estagiária ou um estagiário deve o advogado, em primeiro lugar, ter claro que cumpre uma função complementar à faculdade, que é possibilitar a experiência prática na advocacia, auxiliando a estagiária e o estagiário a fazerem a melhor escolha.

A atividade do estagiário não pode ser vista como uma forma de mão de obra barata e que faz serviços de "quase advogado", economizando para o escritório. Sua vocação é de aprendizagem no escritório, não obstante realize várias atividades úteis ao escritório e importantes para sua formação.

Sabemos que infelizmente há escritórios que admitem estagiários com o objetivo de economizar, em vez de contratar advogados, o que é lamentável. No mesmo sentido, a "pressão" que sofrem os estudantes de últimos anos para desde logo se habilitarem perante a OAB e sacrificarem a frequência às aulas para ter mais tempo para trabalhar, é uma prática condenável, que acarreta o baixo nível da advocacia, pela ausência de estudo.

Convém neste passo lembrar a prática ilegal de alguns escritórios que, ao transformarem ex-estagiários em advogados, agora recém-formados, embora passem eles a trabalhar como empregados do ponto de vista legal trabalhista, insistem em denominá-los associados, estimulando o Ministério Público do Trabalho a acionar judicialmente tais escritórios, a fim de coibir essa ilegalidade.

Há advogados sócios, assim como advogados associados, que são autônomos e não têm vínculo de emprego, mas para tanto necessitam trabalhar sem subordinação hierárquica, pois, se assim ocorrer, serão empregados diante da lei, não tendo as partes a possibilidade de ignorar a regra legal.

> a atividade do estagiário não pode ser vista como uma forma de mão de obra barata e que faz serviços de "quase advogado", economizando para o escritório

Desse modo, ao contratar estagiários deve o advogado ter em mente que se trata de um primeiro momento profissional do acadêmico de Direito, cuja finalidade primeira é aperfeiçoar sua formação acadêmica, iniciando sua formação profissional.

FALANDO
menos SÉRIO

Minha mãe (mais uma vez, minha mãe, ela é ótima, não tem jeito) sempre me disse que o opressor era frequentemente um recém-oprimido. E na doentia engrenagem advogados recém-formados – estagiários – advogados recém-formados – estagiários – advogados recém... Essa premissa tem o péssimo hábito de se mostrar muito real.

Por favor: não se torne um desses idiotas que, por ter sofrido enquanto estagiário, agora resolve que os seus estagiários sofrerão igualmente em suas mãos. Isso é de uma pobreza de espírito inacreditável. Quebre o ciclo. Faça as coisas do jeito certo, pare de ser besta.

Outra coisa que me deixa maluca é gente que anuncia vaga de estágio e limita os candidatos a apenas aqueles que estudam nas faculdades "top". Quantas e quantas vagas eu vi, nas quais o anúncio dizia "PUC-USP-MACK", como se isso fosse algum tipo de garantia de encontrar um bom estagiário.

contratar um estagiário é uma das suas chances de melhorar o mundo

Já aviso: isso não apenas não garante nada, como é burro e preconceituoso. Eu tenho muito orgulho de ter estudado na PUC, mas sei que isso não me torna melhor do que alguém que estudou em qualquer outra faculdade do Brasil. Não é assim agora, nem era assim quando eu era estagiária.

Esses "selos de qualidade" das faculdades "de elite" precisam ser questionados. Cada estudante é um estudante, cada pessoa é uma pessoa. Podemos ter estagiários superdedicados e comprometidos vindo de faculdades com menos fama, assim como podemos ter estagiários completamente fanfarrões (e temos, viu... parece que cada vez mais) vindo de faculdades desse "primeiro escalão". Por isso, não crie esses filtros elitistas, abra-se a pessoas de origens diversas, entreviste cada uma delas e faça uma análise justa.

Contratar um estagiário é uma das suas chances de melhorar o mundo: acolher alguém que merece e quer aprender, ensinar o que sabe de melhor para essa pessoa, respeitar seu ritmo e seus estudos, ajudar a formar um bom profissional. É uma sorte poder fazer isso. Não desperdice essa chance sendo um idiota.

parte cinco
Falando a verdade

EU VOU FICAR RICO?

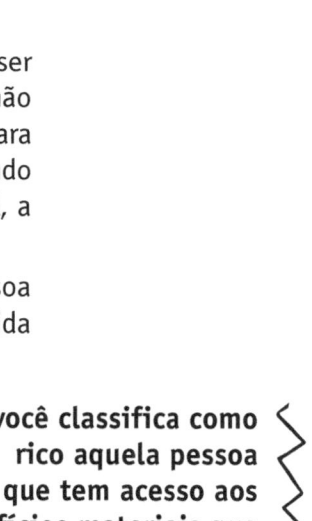

FALANDO SÉRIO

De início, é bom definir o que se entende por ser rico. Se a sua definição é que rico é a pessoa que não precisa mais trabalhar, pois tem o suficiente para si e para a família, sem necessitar de outros recursos, podendo aproveitar tudo o que há de bom no sentido material, a resposta é negativa.

Agora, se você classifica como rico aquela pessoa que tem acesso aos benefícios materiais que a vida oferece, podendo proporcionar o que há de melhor para a família, através do que aufere com seu trabalho, então a resposta é de que há, sim, possibilidades de você "ficar rico".

Aqueles que decidirem ter uma atividade ligada diretamente ao Estado, como juiz, promotor, procurador, defensor público, por exemplo, terão bons salários, mas não conseguirão acumular muito, após fazer frente às despesas normais de uma família. Eventualmente uma atividade paralela, como o magistério, palestras sobre temas jurídicos, publicações de obras de conteúdo técnico

> se você classifica como rico aquela pessoa que tem acesso aos benefícios materiais que a vida oferece, podendo proporcionar o que há de melhor para a família, através do que aufere com seu trabalho, então a resposta é de que há, sim, possibilidades de você "ficar rico"

auxiliarão na composição da receita mensal, possibilitando uma poupança que permita maiores gastos.

Não obstante, os vencimentos pagos aos profissionais da área jurídica são bons, permitindo uma vida tranquila e, comparando-se aos parâmetros do conjunto dos trabalhadores brasileiros, as atividades remuneram muito bem para os nossos padrões.

Já a advocacia apresenta um panorama distinto. Isso porque, como sabemos, a grande maioria dos advogados recebe salários razoáveis, mas não muito altos, de acordo com a situação normal de advogado empregado.

No entanto, os advogados sócios de escritórios destacados no meio, ou mesmo os associados destes escritórios, recebem valores consideráveis, na medida em que estiverem bem posicionados na profissão, o que lhes permite ter uma boa carteira de clientes, isto é, um conjunto de pessoas físicas e jurídicas por eles atendidas, que lhes pagam muito bem – mas à custa de muito trabalho também.

Os pagamentos recebidos pela atuação na solução extrajudicial de questões, assim como os honorários decorrentes de ações judiciais, além de trabalhos de consultoria, acabam por significar ganhos apreciáveis, que permitem ao profissional ter uma posição social de destaque, por força de sua situação econômica privilegiada.

Há muitos profissionais que se dedicam a uma única atividade, como a advocacia de contencioso, de que já tratamos anteriormente, e vivem apenas destes honorários. Aí os valores recebidos variam em função do tipo de carteira que possui o profissional, isto é, do tipo de cliente que atende, e da expressão monetária das ações de que se ocupa, cujos valores são altos, do mesmo modo que os honorários pagos.

Assim, posso afirmar que a atividade do profissional do Direito, como regra geral, permite-lhe uma vida confortável. Não obstante, há entre nós profissionais que por vários motivos, inclusive dificuldade de acesso a clientes em boa situação financeira, enfrentam dificuldades, não obstante dediquem-se com seriedade ao trabalho.

Em compensação, há outros advogados, que são profissionais muito competentes e laboriosos, que em razão de bons relacionamentos com familiares e amigos têm contato com clientes em ótima situação financeira, trazendo-lhes questões jurídicas de alto valor econômico, o que resulta em honorários igualmente expressivos e, na medida do sucesso em suas atuações, angariam muitos outros clientes em situação semelhante, com ótimos resultados financeiros.

FALANDO
menos SÉRIO

A primeira pergunta é: para que você quer ficar rico? Se for para comprar jatinho, ilha privada e Porsche, apenas pare. Primeiro porque isso tudo é pura besteira, segundo porque a probabilidade de uma carreira jurídica honesta te permitir esse tipo de coisa é de 0,001%.

Ser rico não é sinônimo de ser feliz, mas não podemos negar que o dinheiro soluciona muitos dos nossos problemas. E sim, ganhar bem é uma coisa boa, ninguém nega. Agora, como meu pai disse, uma vida confortável não se confunde com uma vida de rico.

é bom demais não ter medo de domingo à noite porque a gente gosta do que faz na segunda cedo

Até porque, frequentemente percebemos que pessoas – sobretudo advogados – que ganham muito, muito dinheiro, também trabalham muitas, muitas horas e, frequentemente, acabam por mal ter tempo para usufruir das coisas boas que todo esse dinheiro pode proporcionar.

Mas, de toda forma, se ganhar muito dinheiro é uma prioridade para você, acho que não faz muito sentido pensar em concurso público. Melhor ficar na advocacia ou trabalhar com empresas, já que no setor privado os ganhos podem ser maiores, embora mais incertos do que aqueles que teria numa função concursada.

De toda forma, acho muito triste guiar uma carreira pela mera vontade de ganhar dinheiro. Acredito que temos que buscar a nossa vocação, analisar nosso perfil e encontrar uma carreira que nos realize profissionalmente e nos permita acreditar no que fazemos. É claro que os salários importam, até porque a vida é boleto atrás de boleto, né, gente, mas não pode ser essa a única coisa que nos guia na vida.

É bom demais não ter medo de domingo à noite porque a gente gosta do que faz na segunda cedo. E a verdade é que dinheiro nenhum consegue pagar a sensação de ser realizado na carreira.

EU VOU TRABALHAR DEMAIS?

FALANDO SÉRIO

Eis aí um tema delicado e importante, que necessita reflexão e muita atenção, pois tem a ver com a saúde física e mental do profissional e de seu relacionamento familiar e social, quando é bem administrado, proporcionando uma vida feliz.

Se você for trabalhar em um órgão público como juiz, promotor ou outra atividade semelhante, o horário de expediente provavelmente será adequado. Não obstante, principalmente no desempenho destas atividades que importam em maior responsabilidade, o profissional continua seu trabalho além do horário de atendimento ao público e, não raro, leva trabalho para casa, o que resulta no cumprimento de jornadas excessivas, com enormes prejuízos à vida do profissional e dos que com ele convivem.

Nestes casos é que você precisa refletir bem e ter redobrada atenção, para saber dosar o volume de trabalho, dando atenção aos serviços urgentes, mas preservando sempre seu bem-estar. O trabalho que compromete sua vida pessoal e familiar faz mal para todos nós, exigindo atitudes constantes de limite à duração do trabalho.

Não é por outro motivo que a Consolidação das Leis do Trabalho cuida com a mesma atenção das horas de trabalho e das horas de repouso (remunerados ou não), impondo limites à jornada de trabalho, com sanções ao empregador em caso de transgressão, para garantir a higidez física e mental dos empregados.

Não se iluda, trabalhar tanto para ter o galardão de manter o serviço mais adiantado que os colegas, ou para ganhar mais no fim do mês, pode dar satisfação profissional, mas à custa de sérios prejuízos pessoais. O nosso bem-estar não tem preço e o que é mais sério é que, dependendo do volume do excesso, causaremos males irrecuperáveis tanto para nós, quanto para nossa família e amigos.

O encanto da nossa vida e, portanto, a nossa razão de ser, é a boa convivência com os que nos rodeiam, pois daí é que vem a felicidade, que afinal é o objetivo primeiro de nossas vidas. Não há trabalho, por mais importante ou interessante que seja, que valha um grande sacrifício de nossa vida pessoal. Eventual crise ou excesso momentâneo fazem parte da vida profissional de todos, mas sempre em caráter excepcional. Aqui é que a atenção redobrada precisa atuar, descartando o excesso de trabalho quando não é essencial para nossa atividade profissional.

> não se iluda, trabalhar tanto para ter o galardão de manter o serviço mais adiantado que os colegas, ou para ganhar mais no fim do mês, pode dar satisfação profissional, mas à custa de sérios prejuízos pessoais

E se você for trabalhar em escritório de advocacia, ou departamento jurídico de empresa, sua preocupação com o trabalho em excesso deve continuar, pois embora a duração da jornada seja fixada pelo empregador, aqui, com mais frequência haverá trabalho demais, para levar para casa ou continuar no escritório após o expediente, o que deve ser combatido sempre, salvo aquelas exceções de que falamos há pouco.

Lembre-se de que o Estatuto do Advogado fixa a duração da jornada em quatro horas, ou seis horas, dependendo do tipo de contrato de trabalho, mas que na prática acaba sendo desrespeitada, porque o serviço é urgente (sempre, ou quase sempre), para não perder o cliente, ou porque o prazo vence amanhã.

Se você estiver trabalhando em um escritório ou departamento jurídico que crie a ideia mentirosa que o bom profissional é aquele que coloca o trabalho em posição mais importante que a família, está na hora de mudar de emprego, pois o trabalho sempre será meio de vida (e não de morte), sempre será um meio de realização social e profissional, mas jamais um fim em si mesmo. Isto porque, como dito, a finalidade de nossa vida é a felicidade, o que decorre da boa convivência em nosso meio. E o excesso de trabalho impede nossa realização pessoal.

Se tiver oportunidade, leia um livro muito agradável e interessante, que cuida exatamente de um jovem advogado, formado na excelente Universidade de Harvard, nos Estados Unidos da América, e que obteve um ótimo emprego, em termos salariais e de prestígio profissional, em um enorme e conceituado escritório de advocacia em Chicago. Só que com o tempo foi ficando esgotado, percebendo o mal que aquele trabalho fazia para sua vida, até que "surtou" e largou o emprego e daí segue o livro.

Leia que te ajudará a compreender o assunto e dará forças para resolver um problema como este. O livro de John Grisham, chama-se *Os Litigantes*, e foi lançado no Brasil pela Editora Rocco, do Rio de Janeiro.

FALANDO
menos **SÉRIO**

Eu pertenço a uma geração de pessoas profissionalmente doentes. Nasci em 1988 e sinto que as pessoas que nasceram mais ou menos entre 80 e 90 são aquelas que têm um certo orgulho de se dizerem workaholics, como se isso fosse um trunfo e não uma coisa a ser tratada.

Já escrevi, nos jornais onde sou colunista, muitas crônicas sobre isso: "A triste geração que virou escrava da própria carreira"; "Trabalhei muito, dormi pouco, comi mal e me sinto diariamente culpado"; "A geração que encontrou a felicidade no pedido de demissão"; entre outros. Alguns deles estão presentes no meu livro Um Dia Ainda Vamos Rir de Tudo Isso, lançado pela Editora Sextante.

A verdade é: sim, você provavelmente vai trabalhar bastante, sobretudo se se propuser a ser um bom profissional. Não importa, advogado, juiz, professor, promotor, defensor, delegado, todo mundo que quer fazer as coisas direito vai ter que trabalhar bastante. Mas está nas nossas mãos a faculdade de dosar até onde isso pode ir.

Tenho a sorte de ter tido bons exemplos em casa. Meu pai como juiz e minha mãe como advogada sempre me mostraram a importância de ser organizado, de levar as coisas a sério, respeitar prazos e, sobretudo, de não deixar que o trabalho prejudicasse a relação com a família e com os amigos, tampouco os impedisse de cuidar direito da saúde.

a verdade é: sim, você provavelmente vai trabalhar bastante, sobretudo se se propuser a ser um bom profissional

Hoje tento fazer o mesmo. Sim, há alguns finais de semana nos quais tenho que trabalhar. Sim, às vezes é preciso esticar o trabalho noite adentro. Mas eu tenho a noção de que essa é a exceção, não a regra. Quando eu era solteira e não tinha uma criança em casa, frequentemente ia até as 2 da manhã trabalhando. Isso nunca foi uma coisa boa e hoje fico feliz de, em geral, saber parar às 19h.

acho que existe uma grande confusão entre trabalhar muito e trabalhar mal

Acho que existe uma grande confusão entre trabalhar muito e trabalhar mal. Acho que tem muita gente que, na verdade, só é desorganizada e pouco produtiva, por isso precisa de horas e horas para fazer as coisas. Saber fazer o tempo render é um aprendizado constante e um passo importantíssimo para ter qualidade de vida. Preste atenção nisso. Faça suas horas renderem, não deixe que as redes sociais, os cafezinhos intermináveis, os cigarros no meio do dia e as conversas de WhatsApp te convençam que você trabalha demais quando, na verdade, você só está trabalhando errado.

"A triste geração que virou escrava da própria carreira", de Ruth Manus (Estadão)

> *Os Litigantes*, de John Grisham (Ed. Rocco)

A trama gira em torno do jovem David Zinc que, decepcionado com seu trabalho numa firma de renome, resolve se juntar à desacreditada Finley & Figg, onde assume um processo que trará consequências inesperadas, não só para a imagem da empresa, mas para a vida de muita gente.

EU VOU MUDAR O MUNDO?

FALANDO SÉRIO

Trata-se de um anseio de todos nós e que na minha opinião deve nos acompanhar sempre em nossa trajetória profissional. Isto porque todo trabalho, independentemente de ser mais ou menos importante, contribui para mudar o mundo.

Esta mudança, contudo, é bem mais lenta do que gostaríamos, embora a cada ação nossa ocorre um avanço da nossa sociedade. O dia em que o nosso trabalho perder este encanto está na hora de mudar de empego.

O problema é que as coisas mudam em velocidade muito menor do que gostaríamos. Não obstante, com a evolução impressionante da tecnologia, essas mudanças têm tido uma aceleração assombrosa, embora a gente não se dê conta da rapidez com que ocorrem as mudanças de formas de trabalho e de vida.

É verdade, por outro lado, que embora todos os trabalhos contribuam para as mudanças sociais, há alguns setores que circunstancialmente sobressaem em relação a outros, quando o tema é a transformação social. Isto porque a sociedade está a necessitar de mudanças mais prementes em determinados aspectos, o que reclama, como consequência, novas regras de convivência e, aí, o Direito atua na nova regulação destas questões.

No nosso universo jurídico, hoje em dia o Direito Ambiental assume posição de vanguarda, agora que nos demos conta dos malefícios que causamos ao nosso planeta e da urgente necessidade de recuperar os prejuízos. De igual modo o Direito do Consumidor, diante da constatação da necessidade de proteção ao consumidor frente ao fornecedor. E, ainda, o Direito do Trabalho, que além de cuidar da proteção necessária ao empregado, parte mais fraca na relação com o empregador (assim como consumidor e fornecedor), ainda assiste às sensíveis mudanças no modo de produção, o que implica novas realidades de trabalho, com a consequente modificação das normas jurídicas aplicáveis.

Mas além destes ramos do Direito que estão a merecer mais atenção nos dias de hoje, é claro que os demais ramos igualmente experimentam mudanças, como o Direito Constitucional, Civil, Penal, Tributário, Empresarial, Administrativo, exemplificativamente.

Convém ainda lembrar que a atividade acadêmica tem importância fundamental no que se refere às contribuições para as mudanças. Isto porque é nos estudos desenvolvidos nas universidades, especialmente nas dissertações e teses produzidas, que são trazidas as mais importantes propostas de mudança no enquadramento jurídico das novas realidades, razão pela qual temos a pesquisa e a produção científica como fatores decisivos para as modificações necessárias e as nossas contribuições para as mudanças almejadas.

> **sociedade está a necessitar de mudanças mais prementes em determinados aspectos, o que reclama, como consequência, novas regras de convivência e, aí, o Direito atua na nova regulação destas questões**

FALANDO
menos SÉRIO

Como já mencionei ao longo do livro, durante a faculdade, eu sonhei com muitas carreiras. Me imaginei como promotora da infância e da juventude, trabalhando com menores infratores para tentar melhorar um pouquinho seus destinos. Me imaginei como delegada da delegacia da mulher, tentando promover justiça e combater um pouco a violência de gênero. Desejei ser juíza do trabalho, para oferecer uma tutela justa a empregados e empregadores, como meu pai fez ao longo de tantos anos.

Enfim, vejo que sempre sonhei, efetivamente, com a ideia de mudar o mundo para melhor, mesmo que a partir de casos pequenos. Realmente, se a gente quiser mudar o mundo de um dia para o outro, de fato a missão fica difícil, mas se a gente acredita que pode ir mudando coisinhas menores, que mais para a frente se refletem em mudanças maiores, acho que também dá para ser realizado nesse sentido.

A vida me levou por caminhos profissionais bem diferentes daqueles com os quais sonhei nos tempos de graduação. Me tornei advogada, professora e escritora e devo dizer que eu realmente sinto que mudo o mundo aos poucos. Fico maravilhada com o poder das palavras, seja numa petição, numa lousa ou num livro. As pessoas absorvem aquilo e transformações acontecem.

Sim, eu acredito que podemos mudar o mundo. Aos poucos, mas podemos. Alguns podem dizer que sou idealista, mas não

> **sim, eu acredito que podemos mudar o mundo. Aos poucos, mas podemos. Alguns podem dizer que sou idealista, mas não tenho dúvidas de que essa é uma perspectiva extremamente realista**

tenho dúvidas de que essa é uma perspectiva extremamente realista. Se você pensar bem no que quer e direcionar sua vida pra isso, garanto que dá para viver essa sensação. Mais do que uma perspectiva minha, é um verdadeiro testemunho de quem vem sentindo que, com coisinhas pequenas, vamos mudando essa porcaria toda.

EU VOU ME DIVERTIR?

FALANDO SÉRIO

Com certeza você vai se divertir, e muito, no mundo jurídico, desde que seja realmente um universo pelo qual você se interesse. O trabalho diário com as questões jurídicas e a descoberta de novos temas são sempre motivo de satisfação para o profissional do Direito.

Ademais, o trabalho como juiz, promotor, procurador, defensor público, advogado, delegado de polícia, ou ainda outras atividades ligadas ao Direito possibilitam ao profissional solucionar conflitos, apaziguando os litigantes, o que igualmente dá-nos uma imensa satisfação por colaborar com a solução do problema.

Ocorre que antes de se configurar o conflito entre as partes há uma atividade de extrema importância, que é a consultoria jurídica. Esta consiste na análise e aconselhamento ao cliente do melhor caminho a seguir, exatamente para evitar o surgimento do conflito, que é sempre indesejado.

Constatar a existência de um problema, estudar suas causas, visualizar sua solução e construir o caminho para evitar o litígio, ou ainda quando já instaurado este litígio descobrir qual o melhor trajeto para solucioná-lo, é sempre uma experiência muito desafiadora, o que é complexo, mas que também acaba por nos divertir.

Paralelamente ao trabalho jurídico propriamente dito, temos todo um universo que nos cerca, constituído pelos colegas com os quais trabalhamos, os demais profissionais com os quais às vezes nos defrontamos, que são os advogados da parte contrária, além dos agentes do Estado que atuam quando o conflito se transforma em processo judicial, que são o juiz, o promotor, o defensor, o procurador, o delegado, enfim, todos que atuam no meio jurídico e com os quais trabalhamos constantemente.

Pois bem, desde que façamos um trabalho de boa qualidade técnica, caracterizando nossa atuação pelo melhor padrão ético e pelo trato cordial com os demais, invariavelmente nosso trabalho trará os melhores frutos não só financeiros, mas acima deles o gosto pelo trabalho, o bom humor e esta tal diversão que a questão nos coloca.

Por este motivo que, sempre que tenho oportunidade de presidir cerimônias de colação de grau na Faculdade de Direito da PUC de São Paulo, não deixo de alertar os formandos para um fato que me acompanha desde minha formatura até os dias de hoje, há algumas décadas: se tratarmos com carinho nosso diploma de bacharel em Direito, e tivermos uma conduta correta, podem ter certeza de que o diploma irá nos devolver bem mais do que a ele dedicamos.

Eis as razões pelas quais acredito, pela minha experiência e de tantos colegas com os quais convivo profissional e pessoalmente, que trabalhar na atividade jurídica com certeza nos diverte.

> constatar a existência de um problema, estudar suas causas, visualizar sua solução e construir o caminho para evitar o litígio, ou ainda quando já instaurado este litígio descobrir qual o melhor trajeto para solucioná-lo, é sempre uma experiência muito desafiadora, o que é complexo, mas que também acaba por nos divertir

FALANDO
menos SÉRIO

Eu me divirto todo santo dia no escritório. Sim, trabalhar com pessoas de quem a gente gosta é algo que facilita muito a vida. Mas é importante saber se divertir sozinho: rir dos próprios erros, comemorar a entrega de um prazo, aproveitar seu almoço, curtir o ato de fazer uma pesquisa. Parece bobagem, mas ser feliz é mesmo um estado de espírito e é sempre possível achar tudo um p*rre, assim como é possível encontrar alegria em cada coisinha que a gente faz.

Acho que a carreira jurídica é tão cansativa quanto divertida. Na verdade, é quase uma montanha russa, pois praticamente não há mesmice: cada cliente é um cliente, cada caso é (pelo menos um pouco) diferente do outro, cada audiência é uma aventura, cada sentença é uma surpresa. Nem sempre as surpresas são boas, mas, considerando o cotidiano chato e repetitivo de tantas carreiras, acho que podemos dizer que a carreira jurídica permite que a gente se divirta trabalhando.

Além disso, é uma atividade muito pouco solitária, o que nos proporciona a convivência com muita gente. Gente doida, acima de tudo. Se a gente conseguir achar graça na doideira, meu filho, você vai rir sua carreira toda. Mas, fora os doidos, convivemos com profissionais que inspiram, com gente corajosa e, acima de tudo, fazemos grandes amigos nessa estrada.

Acho que a área jurídica tem uma coisa muito legal: as pessoas não costumam usar máscaras. O advogado vidrado em dinheiro não esconde que seja vidrado em dinheiro:

> **é importante saber se divertir sozinho: rir dos próprios erros, comemorar a entrega de um prazo, aproveitar seu almoço, curtir o ato de fazer uma pesquisa**

trabalha assim e anda de Cayenne. O advogado porta de cadeia tem seu escritório na porta da cadeia, ele não finge não ser o que é. O reacionário se assume reacionário. O fanfarrão se assume fanfarrão. O filho da mãe tem orgulho de ser filho da mãe. Na área jurídica a gente sabe quem é quem. Passei a valorizar isso sobretudo depois de me envolver com outros meios profissionais por conta da escrita, nos quais muitas pessoas se apresentam como algo completamente diferente do que são na realidade. No Direito a gente costuma saber onde está pisando, e isso é ótimo.

haverá dias em que a bruxa estará solta e vai ser eita atrás de eita. Mas, no fim das contas, a gente gosta dessa vida louca. Ainda bem

Então, sim, é muito provável que você faça amigos, trabalhe muito e se divirta dia após dia. Vai ser cansativo, não vou mentir, vai mesmo. Haverá dias em que a bruxa estará solta e vai ser eita atrás de eita. Mas, no fim das contas, a gente gosta dessa vida louca. Ainda bem.

EU VOU ACREDITAR NO QUE FAÇO?

FALANDO SÉRIO

A questão colocada é oportuna e interessante. Desde logo porque em se tratando de uma atividade que cuida dos problemas dos outros, é fundamental a seriedade em todo tipo de atuação. E em razão desta seriedade essencial ao bom desempenho profissional, ganha relevância a credibilidade no conteúdo de nosso trabalho, que é requisito necessário para o sucesso de todas as atividades.

Você vai experimentar várias posições em que o operador do Direito pode se colocar diante de um conflito, tanto como estagiário como a seguir como profissional do Direito, e verificar que a questão colocada se apresenta de modo diferente em cada atuação profissional, não obstante todos necessitem acreditar no seu trabalho, sob pena de fracasso.

A posição do juiz, que sempre representa o Estado, e que, portanto, deve mediar o conflito, cuidando do andamento regular do processo e das garantias das partes no seu andamento, caracteriza-se pelo exame das provas produzidas, pela constatação da aplicação da lei ao caso concreto, em que deverá decidir segundo as regras processuais aplicáveis, isto é, o juiz sempre estará ao lado da verdade que emerge do processo, de acordo com a sua avaliação das provas e demais elementos dos autos. Assim agindo, ele seguramente acreditará em sua atuação.

As profissões ligadas ao Estado, como o Ministério Público que defende a sociedade, a Defensoria Pública que defende os interesses daquele que necessita de assistência judiciária, exemplificativamente, levarão o profissional a posicionar-se de um lado do processo defendendo os interesses de seu cliente. E neste caso, por exemplo, um Defensor Público ou um advogado, eventualmente, terão de defender alguém acusado do cometimento de um ilícito, mas que, por um princípio constitucional maior, tem direito de defesa.

Caso o profissional esteja convicto de que seu cliente não cometeu o ilícito, defenderá seus interesses acreditando em sua própria atuação profissional. A situação é diferente quando o advogado sabe que seu cliente cometeu o ato ilícito, mas ainda assim deverá defendê-lo. Se se tratar de um problema de consciência intransponível, o que deverá fazer é renunciar à procuração e passar a defesa a outro colega. Caso contrário, estará amparado pelo princípio constitucional do direito de defesa e procurará minimizar os efeitos de uma futura condenação, trazendo ao juízo elementos que constem dos autos do processo que determinem o abrandamento da pena, ou até a absolvição.

É importante sublinhar que esta é a verdadeira postura do profissional advogado: defender os interesses de seu cliente. Há casos em que a tese adotada pessoalmente pelo advogado é oposta àquela que beneficia seu cliente. Aí deverá, se aceitar o caso, defender tese contrária à sua, pois

> a situação é diferente quando o advogado sabe que seu cliente cometeu o ato ilícito, mas ainda assim deverá defendê-lo

atua em nome do cliente e não em seu nome próprio. Se não puder fazê-lo deverá deixar o processo, sob pena de desrespeitar a procuração que recebeu.

Acredito que esta capacidade que o advogado desenvolve ao longo da profissão, capacitando-o a defender tese contrária para honrar o mandato recebido de seu cliente, é quase uma arte que caracteriza os melhores profissionais. E, insista-se, não há qualquer conduta censurável neste caso, pois o advogado é capaz de acreditar na melhor tese em favor de seu cliente, ainda que contrária à sua pessoal, o que demonstra o melhor exercício profissional.

FALANDO *menos* SÉRIO

Todos nós temos dias bons e dias ruins. Há dias em que tudo faz sentido, a vida parece boa e o trabalho parece estar correndo exatamente como deveria. No entanto, há outros nos quais tudo parece uma porcaria, a vida parece um grande equívoco e a carreira parece ser uma grande mentira. Não tem jeito, num dado momento todos nós passamos por isso.

O importante é perseverar. É, dia após dia, trabalhar com coisas nas quais acreditamos. Se você odeia seguradoras, não vá trabalhar para uma. Se você sabe que certa empresa é desonesta, busque outro emprego. Se o escritório não tem critérios na hora de analisar se o cliente faz ou não jus a determinada verba, entrando com ações que nem deveriam existir, procure outra vaga. Porque na hora da angústia – sim, a hora da angústia sempre chega pra todo mundo – é importante que você, ao menos, possa respirar aliviado sabendo que pode estar de saco cheio do trabalho, mas acredita no que faz.

Vai por mim: se você tiver ido parar num trabalho no qual você não bota fé ou não se convence de que aquilo faça sentido, você precisa cair fora. Não importa a sua idade, busque outra coisa, nem que seja para mudar de área. O que não dá é seguir trabalhando com uma coisa que a gente não acredita, porque isso é um desrespeito conosco.

> **a gente tem que gostar do que faz e tem que ser realista, trabalho é trabalho. Mas, que sorte a nossa de ter escolhido uma área que nos permite trabalhar pela justiça, melhorar a vida das pessoas e, sim, acreditar no que fazemos**

Precisamos ser realistas e entender que se o trabalho estivesse destinado a ser a parte mais legal das nossas vidas, o lazer não existiria. Ao mesmo tempo, não podemos transformar 40 horas semanais (ou mais) num martírio. A gente tem que gostar do que faz e tem que ser realista, trabalho é trabalho. Mas, que sorte a nossa de ter escolhido uma área que nos permite trabalhar pela justiça, melhorar a vida das pessoas e, sim, acreditar no que fazemos.

CONCLUSÃO

FALANDO SÉRIO

Fizemos um longo passeio desde a reflexão sobre ingressar ou não na universidade, até pensar um pouco melhor sobre os temas relativos à escolha do curso de Direito, sua importância, mercado de trabalho, escolha da faculdade e dúvidas relativas à vocação, além de eventual arrependimento pela escolha.

Antes de tudo, porém, fizemos uma ligeira apresentação de nós dois, e você verificou que a Ruth e eu somos advogados formados na Faculdade de Direito da PUC de São Paulo e, portanto, os relatos que fizemos são fruto de nossa experiência pessoal e um pouco também da observação da trajetória profissional e pessoal de nossos colegas de faculdade e de profissão.

Assim, você precisa ter uma visão crítica das afirmações que fizemos relativamente a tudo que diz respeito às nossas experiências pessoais, que evidentemente não são uma regra para todos os profissionais. Alguns, por razões variadas, não tiveram a mesma sorte nossa, enquanto que outros tiveram e têm uma trajetória mais exitosa.

Os fatos narrados aqui são todos verdadeiros e você pode acreditar, na mesma medida em que nos dá o desconto de nosso entusiasmo com algo que fizemos e deu certo, estimulados pela sorte que tivemos com as pessoas com as quais trabalhamos, bem como pela percepção de aproveitar as oportunidades que a vida profissional nos ofereceu, contribuindo para nossa felicidade e bem-estar.

Aproveitando este ensejo da sorte na escolha do caminho a seguir, é oportuno contar um fato, para mostrar que uma escolha por um caminho mais fácil e atraente pode mostrar-se um equívoco na escolha.

Quando eu passei para o 4º ano da faculdade (hoje 7º semestre), precisava fazer estágio profissional, tanto para atender às exigências da Ordem dos Advogados do Brasil, quanto para definir qual a área do Direito a que iria me dedicar.

Eu já gostava de Direito do Trabalho, pois no ano anterior havia feito estágio na 4ª Junta de Conciliação e Julgamento de São Paulo (hoje 4ª Vara do Trabalho de São Paulo), como atividade obrigatória pelo programa do meu professor Dr. Cassio de Mesquita Barros Junior. O juiz titular da 4ª Junta estava em férias e foi substituído pelo juiz Ralph Cândia, muito competente, atencioso e cuidadoso com os estudantes estagiários. Fiquei toda a semana no estágio e sempre ao final das audiências ele trocava ideias, explicava o ocorrido, o que despertou meu interesse pela solução dos conflitos trabalhistas.

Diante desta experiência feliz, pensava estagiar em algum escritório da área, ou num sindicato profissional ou patronal, onde pudesse aprender o Direito do Trabalho. Aconteceu, contudo, que meu pai tinha um conhecido, que além de advogado militante, era o Procurador Regional do Trabalho, Dr. Vinicius Ferraz Torres. E ele, conversando com meu pai, informou que na Procuradoria Regional do Trabalho havia uma vaga de estagiário, pois o anterior havia se formado e deixara o estágio.

Quando eu soube fiquei em dúvida, pois não iria receber nenhum pagamento pelo estágio, embora houvesse bastante trabalho, consistente em atender rapazes e moças empregados, sem representante legal, e que necessitavam resolver problemas trabalhistas. E isto possibilitaria que eu elaborasse peças processuais, além de realizar audiências, sob a supervisão de um Procurador do Trabalho.

> **todos necessitamos um pouco de sorte na vida, mas o destino espera que nós "ajudemos a sorte"**

Resolvi experimentar o estágio e desde logo fiquei encantado com o Procurador responsável pelo setor de atendimento aos adolescentes, Dr. Carmo Domingos Jatene, um dos melhores advogados que conheci, e que além de ser uma pessoa muito afável, era diretor tesoureiro da OAB de São Paulo, e excelente profissional. Além de me ensinar no primeiro dia a fazer uma petição inicial e depois ensinar-me o Direito e o Processo do Trabalho, sempre que havia um caso interessante no Fórum de São Paulo me convidava para acompanhá-lo para aprender um pouco mais. E eu não perdia uma!

Resultado: embora houvesse um estágio remunerado num grande escritório de São Paulo, na área de Direito Comercial e Tributário, preferi a Procuradoria e logo era conhecido entre meus colegas de faculdade como aquele que conhecia o Direito do Trabalho. Embora não fosse verdade, com o tempo acabei me tornando especialista no tema, exatamente por ter optado por um estágio não remunerado, de excelente qualidade, e que me rendeu muitos benefícios, afinal.

É importante salientar que no meu caso o estágio sem remuneração acabou se tornando mais vantajoso profissionalmente ao longo do tempo. Não obstante, estágios em escritórios de advocacia também são uma experiência gratificante, desde que o estagiário seja tratado como um estudante ainda em processo de formação profissional e intelectual e não como mero executor de tarefas rotineiras que pouco agregam à sua formação. Bons estágios em escritórios renomados, quando bem dirigidos, são uma ótima oportunidade para o ingresso numa carreira promissora.

Em resumo, todos necessitamos um pouco de sorte na vida, mas o destino espera que nós "ajudemos a sorte", com dedicação e perseverança, aproveitando as oportunidades que são oferecidas, sem o que a sorte sozinha não será suficiente.

Vimos também o conteúdo durante o curso, conversando sobre as matérias, os professores, as formas de estudar, além da questão do estágio, o momento certo para começá-lo. Falamos sobre a necessidade do estudo e da dedicação, bem como de aconselhar-se com os colegas veteranos sobre as melhores opções no curso. Conversamos sobre a iniciação científica e a importância do "curriculum vitae" que revela boas notas de aproveitamento, para bolsas de estudo e colocação profissional, além da participação nos jogos jurídicos e festas e, afinal, a temida prova da OAB.

Continuando nossa conversa cuidamos das carreiras possíveis e dos vários tipos de trabalho que se oferecem, tanto no setor público, quanto no setor privado, além da dúvida em ser profissional liberal ou advogado empregado. Ainda sob a ótica acadêmica, cuidamos da atividade do magistério, bem como da especialização e da experiência de estudar fora do Brasil, como forma de aperfeiçoamento.

Relativamente à atividade profissional, abordamos o contato com os juízes, advogados, defensores públicos, com os integrantes do Ministério Público, os servidores públicos e os clientes, cada um destes segmentos necessitando atenção especial de nossa parte, além do trabalho em empresa e a contratação de estagiário.

Afinal, procuramos abordar as dúvidas que todos temos, como saber se vai ficar rico, se irá trabalhar demais, bem como a vontade de mudar o mundo, e a curiosidade a respeito de a profissão proporcionar alguma diversão, além da dúvida sobre se acreditaremos na nossa atividade.

Em síntese, procuramos abordar um leque de questões desde saber se vale a pena ser universitário e cursar Direito, até saber o que poderá ocorrer quando terminarmos o curso e iniciarmos nossa vida profissional.

Repito que as opiniões que passamos a você são fruto de nossa observação tanto das pessoas quanto das instituições, nestas décadas de experiência, mas sempre impregnadas pela nossa visão pessoal, fruto da nossa vivência, o que deve servir como depoimento sincero, mas que pode ser contraposto com a visão de outros que tiveram experiências diferentes das nossas.

E a respeito do modo como encaramos a vida profissional, você tem a visão de um profissional antigo, com mais de quarenta anos de experiência profissional, que sou eu, aliada à visão de uma jovem advogada, já com rica experiência profissional, mas que vê o mundo de um modo mais próximo ao seu, do que a minha visão pessoal.

Temos certeza de que você deve ter claro que a escolha de uma profissão à qual irá se dedicar por muitos anos deve ser norteada pela vontade de exercê-la, e que seu trabalho seja fonte de prazer e realização, acima de tudo.

Tomara que a compensação financeira seja satisfatória, pois isto estimula nosso trabalho, mas esta não deve ser a preocupação principal, caso o trabalho não te agrade. De nada adianta ter dinheiro e ser infeliz, e não acredite na conversa fiada de que dinheiro sozinho traz felicidade.

Ser feliz profissionalmente significa sentir prazer com o trabalho que faz, ter orgulho e satisfação nas atividades que desenvolve. E esta satisfação, é verdade, também envolve a compensação financeira,

> **em síntese, procuramos abordar um leque de questões desde saber se vale a pena ser universitário e cursar Direito, até saber o que poderá ocorrer quando terminarmos o curso e iniciarmos nossa vida profissional**

mas este não pode ser seu objetivo principal, pois se assim for você terá errado no seu caminho profissional.

O caminho correto é outro, isto é, você deve ser um profissional do Direito porque gosta e acredita naquilo que faz e, seja em que atividade específica for, deve sentir-se bem por ajudar os outros e fazer um serviço bem feito, sempre pautado pela ética e pela honestidade, o que fará com que a sociedade reconheça em você e no seu trabalho a importância que têm. Sendo assim, a compensação financeira virá, como consequência do bom exercício profissional, que te transformará num profissional requisitado pela qualidade e seriedade de sua postura.

A construção de um nome de respeito como profissional do Direito é um processo longo, que é resultado dos bons serviços prestados e da postura profissional pautada pela ética e pela honestidade com todos aqueles com quem mantemos contato, a começar do nosso cliente. É preciso colocar acima do interesse financeiro o compromisso com a verdade e com o que é justo e direito, pois só assim seremos respeitados como pessoa e como profissional. Lembre-se de que a dificuldade para alcançar boa reputação, por força do trabalho sério, é inversamente proporcional à desconsideração conosco, fruto do trabalho de má qualidade e da postura pessoal e profissional incorreta.

Trabalhando com afinco, com sua atividade pautada pela ética, e preocupado em bem servir nossa comunidade, o profissional do Direito alcançará uma vida feliz e satisfatória. Esperamos que estas palavras colaborem para que você faça a escolha profissional certa, seguindo um caminho vitorioso, e alcance o sucesso que merece.

FALANDO menos SÉRIO

Quando o Mathias, meu primo (que pra mim é como um irmão caçula), estava terminando o colégio e começando a pensar em prestar vestibular, não nego que o influenciei um pouco a ir para o Direito. Parece que isso foi ontem, mas já se vão 6 anos, e o moleque hoje já é advogado – às vezes eu nem acredito nisso.

Quando ele entrou na faculdade, eu tinha acabado de me formar e quis oferecer para ele tudo aquilo que eu sabia – ou pelo menos o que eu achava que sabia. Queria falar sobre tudo: as matérias, os professores, as festas, os livros, os estágios, os estudos, o futuro, as provas, a pós-graduação, a OAB, a iniciação científica, o TCC, enfim, infernizei a vida do menino.

Mas a real é que acabou dando certo. Ele me ouviu no que achava que deveria ouvir e fingiu que ouviu aquilo que achava ser bobagem. E pronto. Ele se formou com boas notas, aproveitou a faculdade, passou na OAB, é advogado. Caramba, fico mesmo feliz por ter participado um pouquinho disso. E foi depois de pensar nisso tudo que eu achei que eu e meu pai deveríamos dividir o que sabemos com mais gente. Porque realmente acreditamos que essas coisinhas podem ajudar o caminho de muita gente.

somos realistas, sabemos que as coisas não caem do céu e que é através de muito trabalho sério que construímos coisas boas

Como meu pai disse, é claro que a nossa opinião sobre o mundo do Direito é um pouco viciada, um pouco parcial. Mas não tem como não ser, né? A nossa vida no Direito deu certo e nós somos felizes fazendo o que fazemos. Mas somos realistas, sabemos que as coisas não caem do céu e que é através de muito trabalho sério que construímos coisas boas.

Aliás, essa é uma coisa que eu gostaria de deixar como mensagem aqui no final. Foi a Carla, minha professora querida e orientadora do mestrado, quem me disse isso: "nosso nome é algo que levamos anos para construir e segundos para destruir". E devo dizer que isso é uma das coisas que eu mais vejo acontecer: gente estragando tudo o que construiu por bobagem.

Não adianta você entrar numa boa faculdade se você não vai tratar seus professores com respeito. Não adianta você tirar boas notas se você é um babaca com as pessoas da sua turma. Não adianta você entrar num bom estágio se você nunca chega no horário e trabalha com displicência. Não adianta ser promovido e não cumprimentar o porteiro e a moça da limpeza. Entende? Nós temos que ser um pacote completo. E olha que eu estou falando de um pacote bem básico.

Paralelamente a isso, precisamos de comprometimento. Se você disse que vai fazer, faça, porque as pessoas estão contando com isso. Não interessa se é um trabalhinho de faculdade ou se é um processo de milhões de reais. Faça como combinou, entregue no prazo que foi fixado, faça as coisas direito. Se você passar 5 anos da faculdade fazendo tudo meia-boca, vai por mim, você vai virar um profissional meia-boca e, se você leu esse livro todo, tenho certeza de que não é isso que você pretende ser.

Você não precisa ser excelente em tudo, não precisa tirar apenas nota alta, nem deve surtar quando esquecer alguma coisa. Mas a regra da nossa vida tem que ser: fazer as coisas direito. O vacilo tem que ser a exceção. E a verdade é que nós estamos num mundo de vacilões. Não seja mais um deles. Seja melhor do que isso, porque o mundo está com sede de gente boa.

A verdade é que tudo me parece muito simples. É só ir vivendo direitinho, sendo responsável com as coisas e legal com as pessoas. Mas já faz algum tempo que descobri que isso não é tão simples quanto parece. Muita gente não parte desses princípios básicos e, no fim das contas, temos que falar sobre o óbvio.

A Carla também me falou sobre algo que chamam de "pacto da mediocridade". E aqui, falamos em medíocre como aquele que se contenta em ser médio, nada além disso. Parece que tem bastante gente que acha que já está fazendo muito por fazer o roteiro básico de um estudante: cumprir suas obrigações, ser aprovado, pegar seu diploma. Tem cada vez menos gente disposta a fazer um pouquinho mais do que a média: ler uns livros a mais, fazer um trabalho voluntário, fazer a iniciação científica, fazer gentileza com as pessoas. E isso acaba por gerar um efeito curioso: fica relativamente fácil se destacar no meio dessa multidão de gente medíocre. Se você fizer um pouquinho a mais, 5% que seja, você já está em destaque.

Seja essa pessoa. Não a pessoa gananciosa que quer aparecer mais do que os outros por questões de ego. Mas a pessoa que sabe que pode fazer mais. Que quer ir mais longe por mérito e que quer crescer no que faz de forma honesta. É fácil. Dá trabalho, não vamos negar, mas não é difícil. Tenha foco, seja legal com as pessoas e se esforce. Você vai ver, as coisas vão dar certo.

> **tem cada vez menos gente disposta a fazer um pouquinho mais do que a média**